KB040371

독일이주여성의 **삶,**
그 현대사의 **기록**

독일이주여성의 삶, 그 현대사의 기록

초판 1쇄 인쇄　2014년 6월 25일
초판 1쇄 발행　2014년 6월 30일

지은이　재독한국여성모임
펴낸이　박미옥

펴낸곳　도서출판 당대
등록　1995년 4월 21일 제10-1149호
주소　121-883 서울시 마포구 합정동 355-7 1층
전화　02-323-1315~6　팩스　02-323-1317
전자우편 dangbi@chol.com

ISBN　979-89-8163-163-5 (03900)

∗ 이 책은 민주화운동기념사업회의 지원을 받아 출간하는 책입니다.

독일이주여성의 삶, 그 현대사의 기록

재독한국여성모임 지음

당대

책을 펴내며

"여기서 태어나, 여기에 묻히다." 두 사회를 동시에 끌어안고 사는 사람들의 모습과 대비되는 모습의 문구인 것 같다. 아마 여기 실린 글들은 정주민과 이주민의 삶에서 본다면, 이주민의 삶의 역동성이 더 엿보일 것이다.

이런저런 세상사를 많이 듣고 읽어본 사람들에게는, 더욱이 글을 쓰는 일과 큰 관련 없이 살아온 사람들이 자신의 (인지된) 경험을 그대로 써내려간 글들이 왠지 두서없고 뭔가 빠진 것 같은 느낌을 줄 수도 있다고 본다. 그럼에도 글쓴이들은 자신의 존재조건을 바탕으로, 특히 두 가지 시각에서 자신의 체험과 인식을 표현해 내려고 노력하였다.

그 하나는, 자신의 존재가 있는 곳에서 그 정치적·사회적 환경들이 자신의 삶에 어떤 영향을 끼치는가 하는 것이다. 또 하나는, 한국에 있는 이주민들의 문제들을 바라볼 때 지금 한국의 환경이 어떤 영향을 끼치는지 실제로 일어나는 여러 문제들을 보면서 그에 대한 인식을 직간접적으로 전달하고자 하는 뜻이 있었다. 무언가 달라졌으면 좋겠다는 의지가 포함되어 있기도 하다. 환경에서 영향을 받는 것은 모든 사람들에게 공통되는 것이지만, 두 나라를 끌어안고 살아가는 사람들은 두 나라의 환경에 부닥친다는 것이 아마 다른 점일 것이다.

또 한 가지, 독일의 한국 이주민여성 즉 글쓴이들은, 한국에 사는 사람들의 입장에서 볼 때 한국인이 아닌 다른 사람 혹은 이른바 선진국에 살고 있는 타인으로서 이러니저러니 한다고 볼 수도 있을 것이다. 하지만 글쓴이들에게 한국은 뿌리이고 자신의 정체성에서 한국이 빠질 수가 없다는 점이 전제되어야 할 것이다.

우리는 특히 한국의 이주민들이 이주노동자, 결혼이주여성, 탈북자, 조선족 등과 같은 여러 이름 아래 들어와 이국땅 한국에서 자신들의 사회적 위치를 만들어가는 과정에서 부딪히는 갖가지 현실을 여러 경로로 접할 수 있었다. 독일에 살고 있는 이주민으로서 소스라치게 놀랄 수밖에 없는, 정말 말이 안 되는 비합법적이고 착취적인 그리고 차별적인 일들이 벌어지고 있는 것을 보면서 같은 이주민으로서 울분밖에 남지 않았다. 내가 태어나고, 성장한 나라가 이런 나라였단 말인가?

독일에서도 이주민으로서의 삶이 정주민들과의 관계에서 전혀 문제가 없다거나 독일사회의 편견과 선입견에서 완전히 벗어나 있는 것은 물론 아니다. 인간이 사회를 만들면서부터 자연히 나타나는 텃세의 논리 때문이라고 할까? 그러나 독일사회는 제도적으로나 사회적으로 꾸준히 발전하는 모습을 보여준다. 법치국가라는 원칙과 다원민주주의라는 철학을 현 사회에서 끊임없이 적용해 나가고 있다는 것을 독일의 이주민으로서 피부로 느낄 수 있다. 그럼에도 글쓴이들은 이곳에 살면서 독일사회를 향해 하는 말들은 거의 비판적인 것들이다. 그래야 이 사회가 계속 나은 사회로 발전할 수 있다고 생각하기 때문이다.

이 책이 출간되기까지 너무나 많은 사람들의 지원과 도움이 있었다. 모두에게 감사의 인사를 전하고 싶다. 각각의 이름을 여기서 열거하지 않아도 당사자들은 잘 알고 있을 것이라고 생각한다.

민주화운동기념사업회의 지원에 특별히 감사드리며 특히 출간을 결심해 준 당대출판사에 진정한 감사의 인사를 전하고 싶다.

유정숙

책을 펴내며　　5

프롤로그　　11

1　　이주여성이 되다

조-루베 국남　내 정체성의 또 다른 이름, 이주여성　　37

박-포르나콘 정자　나의 샘터　　60

박-라이니히 정숙　편안한 의자　　80

김-모리스 순임　분단의 흔적　　95

송현숙　사랑하는 동생에게　　107

김-페터스 정자　빈 고향　　110

2　　이주여성으로 산다는 것

안차조　학술회로 마감한 41년 직장생활　　115

김현숙　클리마티스　　129

김-아베 양순　설탕빵과 돌바위　　141

김-헬터호프 영옥　날아라, 세종학교　　155

변-하슈케 숙영　영화를 보다　　174

손행자　배짱　　185

그들도 우리처럼   3

195   **길**   송-푸르동 금희
214   **밥 먹읍시다!**   아스트리트-헤스 라이허트
217   **장구치기, 마음의 향유**   기젤라 콘츠
222   **알파벳으로 생각한 한국**   에델트라우트 슈시클레브

좌 담   4

233   이주여성을 말하다

프롤로그

여기서는 직업을 찾아 여러 경로로 온 취업생, 유학생, 상사직원 등, 한국이주민에 대한 전반적인 소개가 아니라 이 책의 취지에 따라 취업으로 한때 대거 이주해 온 한국인들, 그중에서도 간호사로 온 사람들을 중심으로 해서 '한국이주민'을 살펴보고자 한다. 여기 글쓴이들이 대부분 당시 간호사 혹은 간호조무사로 와서 이주민으로 사는 사람들이기 때문에, 이 글들을 제대로 조명할 수 있으려면 그 배경을 알아야 할 것 같아서이다. 그리고 많은 부분이 독일에 사는 한국이주민의 선제적인 경험을 대표할 수 있다고 보기 때문이다.

한국간호사의 독일진출은 대략 1959년부터 1976년까지 1만 명에서 1만 1천 명인 것으로 추정되고 있으며, 그 가운데 거의 반 이상이 독일에 남아 이주민여성이 되었다. 광부로 온 사람은 1963년부터 1977년까지 약 8천여 명이며, 그중 반수가 한국으로 돌아가거나 제3국으로 갔다.

독일 전반에 대한 최소한의 정보도 필요한 것 같아 여기에 잠시 소개한다.

　　현재 독일에 거주하고 있는 '한국인'은 3만 1248명(한국외교통
상부 2009년 통계)으로, 여기에는 독일국적을 소지하고 있는 한인들의
수도 추정치로 포함되었다고 한다. 한편 독일연방통계청의 기준에 따
르면 '비독일국적 소지자'의 독일거주는 2010년 현재 675만여 명에 이
르며, 당연히 여기에는 독일로 귀화한 사람은 포함되어 있지 않다.

　　독일이주민의 역사에서 보면, 한국인은 정말 눈에 보이지도
않을 정도로 소수민족 중의 소수민족에 속한다. 막상 우리 당사자들
은 나름대로 열심히 일하면서 살고 또 사회운동도 같이하면서 살아
왔지만, 우리 이주민의 존재를 아는 사람들이 거의 없는 것이 현실이
다. 처음 만나 자신을 소개할 때는, 항상 '처음으로' 돌아가서 내가 누
구인지를 소개해야 한다. 게다가 독일은 2000년대 초까지도 독일이
'이주의 나라'라는 것을 공식적으로 인정하지 않았다. 특히 독일통일
후 인종차별주의, 외국인에 대한 적대감정이 난무하는 속에서 '극우

파민족주의' 정당들이 주(州) 의회에서 의석까지 차지하는 현상들을 보면서, 이주민들은 다시 자신들의 사회적 위치를 잃어버리는 기분으로 살아가기도 하였다.

　　몇 가지 통계수치를 보면 흥미로운 현상이 발견되는데, 독일의 경우 1950년 이래 독일로 귀화한 사람의 수가 1600만여 명으로 총인구의 19.6%를 차지한다(독일연방통계청 2009년 통계). 2010년 통계에 따르면, 독일인구는 8175만여 명으로 현재 감소하는 추세에 있다. 그리고 2005년 통계(bpb)에서는 독일 '민족'정책의 일환으로 이선에 나른 나라에서 살다가 독일로 돌아온 '독일민족'(Aussiedler)의 수가 150만 명이 조금 넘는다고 밝히고 있다.

　　독일이 스스로 '이주의 나라'로 인정하는 과정과 '과거민족'(재외동포)을 독일로 다시 돌아오게 하는 정책에서는 진보정당과 보수정당 사이에 치열한 공방이 있었다. 현대 문명사회가 자부하는 '시민'의 권리와 의무란 관점에서 볼 때 해프닝 혹은 아이러니라고밖에 볼 수 없는 한 가지 현실을 예로 들어보겠다. 장기 외국인거주자들은 외국인이라는 이유로 선거권이 없다. 그러나 이들은 독일사회를 잘 알고 있고 또 시민으로서의 납부의무도 이행한다. 한편 '독일민족'의 일원으로 돌아온 사람들은, 물론 여기에는 그 가족들—가족성원의 '혈통'이 독일이 아니라도 상관없다—도 모두 포함되는데 거의 대부분이 독일어를 전혀 이해하지 못하는 처지인데도 단지 '독일인'이라는 이유로 즉각 선거권이 부여된다. 당연히 이들은 독일사회를 이해하지 못하니 선거를 해야 할 경우 일단은 '측근'—'민족'을 불러온 정당—의 말에 의존하게 마련이다.

독일에서 한국이주민으로 산다는 것

세계는 아직도 민족국가 단위의 체제 아래서 국제자본주의의 논리(예를 들어 세계화)가 전개된다. 여기서 이주노동력은 상품으로 전화되는데, 노동력은 인력(인간)이니 국내법에 적용된다. 이러한 현실을 이주민들은 자기 몸으로 직접 더 뚜렷하게 체험한다. 그런 의미에서 이주민은 법적으로 구체적인 차별(참정권 없음이 그 단적인 예이다)을 일차적으로 경험한다. 또 그로 인해 제도적·사회적 차별은 물론이거니와 본향사람들의 텃세와 선입견, 편견 속에서 인간적인 차별을 받는 것으로 이어지는 것을 스스로 체험한다.

독일에서는 막스 프리슈(Max Frisch)의 "노동력을 불러왔더니 사람이 왔네"라는 구절이 자주 인용된다. 게다가 독일의 경우, 물론 나치시대를 반성하고 사과하였으나 그 역사적 잔재인 신나치들의 극단적인 인종차별적 언사와 행동이 사회적으로 물의를 일으키고 외국인들에게 공포감을 던져준다.

일본에서는 아직도 한국이냐 조선이냐 혹은 조선적(朝鮮籍, 무국적상태)이냐 한국국적, 일본국적이냐 하는 반면에 독일에서는 (간혹 북한국적도 있으나) 한국국적이냐 독일국적이냐 둘 중 하나의 개념이다. 즉 일제 강점기는 청산되었고 대한민국이 된 이후에 온 사람들이기 때문이다. 또 하나 크게 다른 점은, 일본이주민의 경우 한반도를 식민화했던 그 나라에 살고 있다는 것이고 독일이주민은 서로의 경제적 이해관계로 인력이 필요한 나라에 온 것일 뿐이다. 역사적인 상처와는 전혀 상관이 없는 셈이다.

이러한 환경은 이주민들의 삶에 직접적으로 영향을 끼친다. 한국인이 이주해 오던 그 시대의 독일은 과거의 행적을 반성하고 다원적 민주주의 체제 아래서 사회민주주의를 기반으로 한 법치국가로 외형적으로 이미 확실히 자리매김을 했을 때이다. 여기서도 큰 차이가 있을 수밖에 없다. 이주민1세에게는 한국말이 모어, 2세에게는 독일말이 모어이며, 독일인과의 결혼이 일본에서 일본인과의 결혼이 가져올 수 있을 법한 그런 감정적인 상처를 안겨주지는 않는다. 다만 외국인과의 결혼에 대한 한국사회에서의 부정적인 인식이 어느 정도 영향을 끼칠 뿐이다.

이와 같이 법치제도를 근간으로 나라에서는 이주민이라고

법적으로 무조건 차별을 할 수가 없다. 적당히 법을 바꾸어 외국인노동자를 무조건 차별하는 한국과는 다르다. 노동계약에서도 외국인법과 노동법은 엄격히 분리되어 있다.

예를 들어 한국에서 간호고등학교를 졸업하고 온 사람은 그 직업능력을 인정받아 독일간호사와 동등한 자격을 갖게 되지만, 대학을 나왔다 하더라도 간호직업 전문교육을 받지 않고 단기교육만 받고 온 사람은 간호조무사의 자격인 것이다. 단 간호조무사의 경우 본인이 원하면 독일의 간호학교에서 정식교육을 받고 간호사로 근무할 수 있다. 광부의 경우도 한국에서 선발되어 온 사람들은 교육수준과 상관없이 작업배치에 따라 독일인과 동등한 급여를 받는다. 한국광부의 경우 3년 후에 돌아가야 한다는 이른바 산업연수생이라는 항목이 따라붙어 그 제한이 문제였지만, 일하는 동안에는 똑같은 임금을 받는다. 한국에서는 산업연수생이라는 명목하에 일본에서 실행하던 방법을 똑같이 적용하여 임금차별을 하는 것과는 다르다.

독일체류 허가의 종류에는, 예를 들어 무기한체류 허가라는 것이 있는데 5년(60개월) 이상 독일에서 납세를 한 경우 이 개념이 적용된다. 당시 한국간호사들 상당수가 5년 이상 근무를 하였기 때문에 좀더 전문적인 공부를 위해 혹은 자기계발을 위해 대학에 가서 공부를 할 수 있었다. 이때 이들은 독일인과 똑같이 대학 다닐 동안에는 (부모의 수입이 낮을 경우 받을 수 있는) 생활비도 국가로부터 받았다. 특히 그 당시가 사민당이 집권하던 시기였는데 이때는 대학생에게 생활비가 무상으로 지급되었다.

19세기와 20세기에 고도의 산업화와 더불어 민족국가 단위로 형성되었다고 볼 수 있는 근대사회에서는 지방에서 도시로, 이 나라에서 저 나라로 노동력이동(이주)이 없이는 자본주의 발전을 해나갈 수 없었다. 물론 이주(이동)라는 것이 새로운 현상은 아니나, 민족국가라는 정치체제의 틀 속에서 급격한 변화와 산업화를 이룩하고 있는 근대 혹은 현대 사회, 이른바 문명사회라고 '자부'하고 있는 그 근간에는 '이주' '이주자'가 필수조건으로 놓여 있으며, 이와 동시에 이주당사자들은 엄청난 변화에 직면하기도 한다. "인간들이 외적인 장소 이동을 하면, 자신의 내적인 당연성 또한 자주 변한다. 오로지 사람은 단순한 거주지 변경이 초래할 수 있는 자아상과 정체성에 대한 감의 놀라울 변환에 대해서만 생각할 뿐이다."(Peter L. Berger, *Einladung zur Soziologie: Eine humanistische Perspektive*, München: UTV, 1977, S. 68)

독일에서 한국이주민으로 살아온 날들

여기 실린 글들은 오늘은 이주민, 내일은 재외동포 등 '민족 대 이주민의 관계'가 동시다발적으로 한 몸에 부여되기도 하는 이주민의 삶에서 드러나는 특징적인 것들을 다양하게 보여주고 있다. 이런 다양한 특징들이 독자들에게 제대로 전달될 수 있도록 크게 세 개의 부로 나누어서 글들을 실었다.

먼저, 독일이라는 낯선 환경에서 맞닥뜨렸던 혼란과 떠나온 고향에 대한 그리움 등이 각자의 경험을 통해 표현되고 있는 첫번째 부의 글들이다.

조-루베 국남은 이주 직업여성으로서 자리매김을 하는 과정의 기본적인 요소들이라고 할 수 있는, 즉 주어진 삶의 현실을 자신의 삶으로 만들어나가는 과정에서 무엇보다도 끊임없는 자신의 내적인 성장과 그에 대한 성찰에 필요한 여러 면모를 자신의 행동들을 통해 구체적으로 인식해 나가는 모습을 잘 그려내고 있다. 당시 제3세계에서 시작된 삶이 이른바 선진국인 독일사회에서 이주여성의 삶으로 변화하는 과정에서 정체성을 찾는 씨름을 하면서 오늘에 이른 자신의 모습을 풀어내고 있다.

박-포르나콘 정자는 현재의 엄마와 과거의 엄마의 현실적 만남과 기억 속의 만남을 통해 독일로 올 때 자신에게 각인되었던 것들을 돌아보고 있다. 대부분의 사람들이 독일로 오게 된 일차적인 동기가 경제적인 문제일 수밖에 없었던 당시 한국의 사회상황을 보여주고 있다. 즉 자신이 외국으로 나와서 한국으로 외환을 송금한다는 것이 당시 처절한 한국경제에서 얼마나 중요한지 깨닫는 과정, 또 한국정부가 외국으로 직업을 찾아 나가는 사람들에게 정말 필요한 그 나라에 대한 사전지식을 알려주기보다는 반공독재체제 유지를 위해 반공교육에 주력했던 상황에 대한 기억을 전달하고 있다. 나아가 처음 배치된 작업장에서 최소한 3년은 무조건 근무해야 한다는 당시 한국간호사들의 계약이 불공평하다는 것을 깨닫고―많은 한국간호사들이 그냥 받아들였지만―독일농료들의 시원 속에 투쟁하여 자신의 권리를 찾았던 일, '환상'의 베를린을 떠날 수밖에 없었을 때의 심경을 비롯하여 다른 한국여성들이 어떤 선택을 했는지를 잘 표현해 준다.

독일의 한국이주민들의 경우 "거의 모두에게 독일어는 낯선 언어, 낯선 문화였고 그러면서 당장 일을 하는 사람들이 되었고, 거기서 좌절과 개척의 반복을 통해 자신의 방향을 찾아내고 자신의 삶의 가치를 통해 스스로의 정체성을 발견해 나가는 과정"을 거쳐 오는 모습을 보였다면, 박-라이니히 정숙은 비록 1950~60년대 한국의 경제상황을 객관적으로 알지 못했지만 집안형편이 어려운 배경을 어릴 때부터 이해했고, 그 자신의 표현에 따르면 자기 팔자를 상팔자로 만들어낸 현재의 자기모습에 만족해하고 있다. 좌절보다는 부단한 개척을 통해 긍정적으로 자리 잡은 이주민의 한 모습을 보여주고 있다. 어떤 의미에서는 홍세화나 송두율처럼 자신을 외부인이라고 보지 않고, 자신의 자리를 만들어나간 내부인의 모습으로서 삶을 엮어왔다고 볼 수 있겠다. 이주민이라고 모두 한 '정체성'만 가지고 있지 않다는 것을 보여주는 단적인 예인데, 있던 것을 버리고 다른 것을 새로 만들기보다 즉 "고향이 없어진 것이 아니라 하나 더 생긴 셈"이라고 받아들이는 태도이다.

　　　김-모리스 순임은 재독한인사회에서도 한국과 마찬가지로 과거부터 '부여'된 '빨갱이딱지'의 한 단면을 소개하고 있다. 재독한인

이주민사회에서도 독일사회의 변천과정과는 상관없이 한국사회의 논리가 적용된다는 것을 경험으로 인지했던 글쓴이는 독일통일의 현실이 과연 한국에서 가능할까라는 질문을 진지하게 던지고 있다. 분단의 현실을 극복하지 못한 한국의 상황이 그대로 재연되고 있는 재독한인사회의 한 모습을 잘 묘사하고 있다.

그리고 "내가 누구인가?"를 스스로에게 끊임없이 되물을 수밖에 없는, 이주민이 되는 순간 자연발생적으로 생긴 고유성을 고스란히 드러내고 있는 송현숙의 「사랑하는 동생에게」와 동시대 한국의 현실을 경험한 재독 한국이주민들 대부분의 정서를 대변한다고 보이는 김-페터스 정자의 「빈 고향」 등 두 편의 시가 실려 있다.

다음의 두번째 부에서는 이주한 독일사회에 뿌리박고 살면서 그 뿌리를 다져나가는 과정에서의 소회들이 주로 그려지고 있다.

안차조는 끝내 향학열을 불태우지 못한 한국을 등지고 간호사로 독일에 와서 끈질기게 배움에 도전하는 모습을 잘 보여주고 있다. '늦은' 나이에도 새로운 과에 도전하여 배움을 이어간 모습이라 든가, 통독 후 신자유주의 경향에 따른 독일 병원체제의 변화, 그로 인한 병원의 상업화, 통일 후 동서독 사람들 사이에 생겨난 작업장에 서의 '텃세', 은퇴할 때까지의 직업정신 등을 잔잔히 묘사하고 있다. 실 제로 당시 간호사, 간호보조사로 온 많은 여성들이 한국에서 이루지 못한 것에 대한 도전을 독일에서 할 수 있었다. 그리고 지금도 그들은 사회적 여건이 받쳐주면 개개인이 무궁무진한 삶의 가치를 재현할 수 있다는 것을 몸소 체험했음을 기억하고 있다.

　　김현숙은 평범한 이방인으로서 보수적인 독일 남부의 바이 에른 주에서 삶을 시작하면서 어떤 계기로 재독한국여성모임—남 성이 없는 여성들의 만남—과의 만남을 통해 또 다른 삶이 있다는 것을 깨닫는 과정을 담담하게 서술하고 있다. 개인적인 삶에서의 '방 황'이라 할까, 1998년에 과감히 모든 것을 물리치고 한국으로 일종의 역이주를 해보았지만 한국에서는 더욱더 확실한 이방인이 되어버린 경험을 토로하면서, 지구의 반 바퀴를 돌아 다시 온 독일에서 이방인으로서의 재도전을 재미있게 묘사하고 있다. 많은 이주민들에게 시작에서부터 어떻게 보면 끝까지 이방인이라는 '정체성'이 잠재해 있는 것을 표현해 주는 것 같다.

김-아베 양순은 나이브한 소녀의 '꿈'으로 시작한 한 '여자의 모습과 또한 사랑'으로 인해 독일에 간호사로 왔다가 브라질까지 가서 자녀를 낳고 키우면서 생활하던 중 여의치 않아 한국이 아닌 독일로 다시 돌아와 정착한 여정을 담담하게 풀어내고 있다. 브라질에서의 생활분위기와 다시 돌아온 독일에서의 생활분위기가 다른 점을 나름대로 설명하는 데서 지금도 '나이브'하지만 '억척'같이 사는 모습을 엿볼 수 있다.

역시 가정형편 때문에 간호보조원으로 독일에 와서 전문 간호사자격증까지 딴 김-헬터호프 영옥는 오랜 시간 '주부'로 지내다가 자녀가 성장하면서 한글학교에 관심을 기울이는 과정에서 겪게 된 경험을 일목요연하고도 사실적으로 서술하고 있다. 자신이 직접 참여하면서 경험한 것을 바탕으로 대안 한인학교인 '세종학교'의 설립 배경과 취지를 세세히 설명하고 있는데, 이른바 빨갱이 낙인찍기가 한인사회에 불러일으킨 파장은 한마디로 안타까운 한국 근현대사의 축소판을 보는 듯하다. 베를린의 세종학교가 설립되기 이전에도 군사독재 문화를 바탕으로 해서 만들어진 한국 교과서에 반대하여, 예를 들어 프랑크푸르트에서도 민주주의적 교육을 위해 학부모들 스스로가 교재를 만들어 조그마한 한글학교를 키워나가기도 했다.

변-하슈케 숙영은 독일에서 맺은 소중한 인연인 친구를 떠올리며 자신의 꿈과 고민 그리고 친구의 불의의 사고로 인한 죽음을 아프게 되새기면서 그 친구와 같이 가고자 했던 길, 연극, 예술, 독일 여성운동에 대한 관심, 원자력발전소 반대운동, 여성해방, 한국의 유교적 (군국주의적) 권위주의의 폭력성을 잘 그려내고 있다.

손행자는 아들이 자신의 거취를 결정하는 과정을 보면서

바뀐 (새로운) 시대정신을 감지하며 아들의 자율적인 결정을 받아들이면서 또 한편으로 어머니로서 아들의 안위를 알게 모르게 신경 쓸 수밖에 없는 한국어머니의 정서를 고스란히 보여준다. 냉전, 식민, 해방, 분단, 전쟁, 반공, 독재로 점철되던 한국사회에서 독일로 와 군부독재 반대투쟁도 한 글쓴이는 독일국적 소유의 아들이 중국에 가서 자유롭게 다른 나라 사람들과 만나서 일하고 생활하고 사랑하고 또 중국의 정치적 실상을 직접적으로 겪게 되는 상황을 표현하고 있다. 새로운 시대정신으로 다가오는 다문화를 자연스럽게 받아들인다고 할까.

그리고 세번째 부에서는 문화를 통한 현지인들과의 교류, 특히 그 과정에서 한국문화와 돈독해진 현지인들의 모습을 볼 수 있다.

송-푸르동 금희는 대부분 사람들의 일차적 동기였던 경제적인 동기가 아니라 '나의 자리'와 '자유'를 찾아 간호조무사로 독일에 와서 자신의 '길'을 헤쳐나가는 과정을 묘사하고 있다. 당시는 정치에 대해 관심이 없었다가 오히려 독일에 와서 정말 가난한 나라에서 왔다는 사실을 절감하고 또 '빨갱이'라고 낙인찍는 한국적 현실을 독일에서 접하게 되지만 이들과 '자연스럽게' 연결되는 '나의 자리'를 서술하고 있다. 그리고 문화적 행동에도 관심을 가지고 즐기면서 2세들과의 문화적 연결과 독일인들에게 한국문화를 체험하게 해주는 자신의 모습을 보여준다.

아스트리트 헤스-라이허트, 기젤라 콘츠, 에델트라우트 슈시클레브는 한국문화의 하나인 장구치기를 자발적으로 배우기 시작하면서 다른 문화를 이해하게 되고 독일문화에서 느끼지 못한 여러 감성과 독일문화와의 차이점을 접하면서 자신들이 어떤 것들을 배우고 인지했는지, 간략하게나마 표현하고 있다. 독일에 한국이주민이 없었다면 쉽게 접할 수 없는 한국문화와 그 문화를 내재하고 있는 한국인에게 느끼는 삶의 풍요로움을 진지하면서도 재미있게 서술하고 있다.

마지막으로, 좌담회는 회원들의 독일로의 이주, 이주여성으로서의 경험, 이주여성 조직에서의 경험과 활동을 중심으로 토론한 내용이다. 어떤 시대적 상황과 개인적 상황이 그러한 결정을 하게 했을까 하는 점에서는 모두 다 어리긴 했지만 당시 한국사회의 배경—불공평, 남녀불평등, 부정부패, 가난, 군부독재 등—을 의식했고, 자신들의 이주는 '매우 의식적인' 결정이었고 또 '자신의 결정'이었다고 입을 모은다. 직접적 동기부여, 즉 이주자에게 동반되는 '진취성'을 비롯하여, 이후 그 결과로서 자리매김 된 '이방인'에 대해 현재 어떻게 생각하는지 토로하고 있다.

　　또한 독일에 도착해서 개인 혹은 직업 차원에서 겪은 초창기의 경험과 독일 삶의 과정에서 국적문제, 가족 등 변화가 수반될 때의 느낌과 결정, 변천하는 한국사회에 대한 안목, 재독한국여성모임 회원으로서 모임의 기본원칙인 권위주의 타파, 삶의 질에 대한 문제와 관련한 자신의 경험과 인식, 이른바 '운동'과 관련하여 여러 단체들과의 연대 경험, 재독한국여성모임이 지금까지 '건재'할 수 있는 생동성과 힘들었을 때의 극복과정 등에 대해 진솔하게 고찰해 보는 시간이었다.

　　필자는 "이주자들이 자신의 위치에 서서 열심히 그 나라 경제를 같이 꾸려나가는 것은 잊어버리고, 이들이 뭔가를 뺏어만 간다"고 선전·선동하는 사람들을 볼 때면 항상 유태계독일인인 사회학자 노베르트 엘리아스의 삶과 그의 연구내용이 생각난다. 그의 사회학적 분석을 '형상사회학'이라고도 하는데, 그는 '민족 대 이주민'의 관계를 "본향사람들과 객지에서 들어온 사람들, 자리 잡은 사람들과 외곽사람들 사이에 엮어진 관계"라고 말한다(Elias, Norbert & Scotson, John L., *Etablierte und Aussenseiter*, BadenBaden: Suhrkamp, 1993). 그의 '형상'이란 말과 직간접적으로 관련된 저작들이 많은데, 트라이벨은 『현대사회에서의 이주』에서 엘리아스의 '형상'의 의미를 다음과 같이 이해한다. "인간들의 모든 관계맺음이 서로의 종속성이 커지면서 계속 복잡해지는 것이다. 인간적인 형상들의 복잡성은 집단간의 알력, 세력/권력 검증, 갈등, 상호의존성이 항시적으로 증가와 감소를 반복하면서 나타나는 것이라고 규정할 수 있다."(Annette Treibel, *Migration in modernen Gesellschaften*, Weinheim und Muenchen: Juventa, 1990, S. 153)

모국(Mutterland)이란 무엇인가

인간에게는 자신이 태어나고 일차적인 사회화과정이 있었던 나라(혹은 문화), 더욱이 가족과 선조가 있는 사신의 뿌리가 근본으로 작용하는 것 같다. 특히 이주민의 위치가 되면 뿌리와 자신의 정체성과 자주 마주친다.

　　　이주민으로 오래 살면 살수록 고국과 고향이라는 말을 더 자주 쓰게 되는 경향을 목격한다. 고국을 독일어로 대체하기는 어려운 것 같은데 일종의 '집 혹은 집에'(Zuhause)라는 개념으로 대체할 수 있고, 고향은 독일어로 Heimat로 대체할 수 있을 것 같다.

모국과 조국이라는 말은 조금 복잡한데, 한반도에 어떤 정치적인 사건이 일어났을 때는 흔히 '조국'이라는 표현을 사용하고, 이주민으로서 자신의 위치가 객관적으로 확고하게 설정되면 '모국'이라는 말을 자주 사용하는 것 같다.

이 책에 실린 김-페터스 정자의 「빈 고향」은, 한국에서 사는 지역이나 생활환경은 서로 달랐을지라도 지금의 한국현실과 하늘과 땅만큼 차이가 난다 해도 과언이 아닌 힘들었던 시절을 공통적으로 거쳐 온 많은 재독 한국이주민들의 정서를 재현하고 있다. 특히 이주민의 정서에서 '엄마'에 대한 기억은 고향 혹은 '집(으로)'을 생각할 때 떼어놓을 수 없는 공감대를 형성하는 주제이기도 하다.

재독한인사회의 건강한 운영과 지속에 대한 고민

기본적으로 전제해야 하는 것은 재독한인사회의 구성원이라고 해서 모두가 동질성을 가지는 것이 아니라 서로의 이질성이 있다는 것이다. 한인사회에서의 '의무적인 결속력'이라는 것은 없다는 사실이다. 언제든지 마음에 들면 연결하고 그렇지 않으면 무시할 수 있다.

　　가시적인 재독한인사회(예를 들어 재독한인을 대변한다는 단체들)는 대한민국의 정치문화와 사회문화의 발전과 퇴보와 직접적인 연관성을 가지고 있다. 한 예로서 대한민국대사관의 '정치문화'가 가장 직접적인 영향을 끼치는데, 한국의 '반공사상'이 그 기저를 이루는 군사독재 문화의 행태를 아직까지 보여주고 있다.

　　비가시적인 재독한인사회의 정치분화는 나름대로 독일의 정치문화와 사회문화의 영향권 아래서 직접적인 연관을 맺고 있기 때문에 가시적인 재독한인사회를 피한다고 말할 수 있겠다. 예를 들어 재독 한인2세들의 정치적·사회적 의식은 1세들 가운데서도 가시적 재독한인사회를 대변하는 1세들과 대치된다고 할 수 있다. 이런 면에서 재독한인사회의 건강한 운영과 지속에 많은 문제를 던져주고 있다. 그러나 한인2세들의 공통점 가운데 하나는 자신의 뿌리와 관련된 문화적 정체성을 스스로 보존하려는 속성을 보이고 있다는 것이다.

　이와 관련해서는 2012년 국사편찬위원회에서 발행된 『유럽 한인의 역사(상)』에서 필자가 상세하게 분석한 재독한인사회에 관한 내용(제6장 독일한인사회의 현안과 전망: 1990년 통독 이후, 168~97쪽)을 가능하다면 참고해 보기를 바라마지 않는다.

유정숙

1

이주여성이
되다

내 정체성의 또 다른 이름,
이주여성

조-루베 국남

"퇴임식 날짜가 확정되었습니다." 어느 날 사무장이 나에게 알렸다. 그날까지는 석 달이 넘게 남았다. 그러나 나의 초과 근무시간과 지난 해에 채 쓰지 않은 연차휴가를 제외하면 두 달 남짓밖에 안 된다.

이미 2년 전부터 나는 "만사는 마무리가 중요하다"를 교훈으로 삼고 지난 20여 년간 꾸려오던 직부관련 서류며 기록 등을 정리하고 있었다. 오랜 기간의 사무처리에 얽힌 업무나 인간관계와도 작별인사를 나누고 있던 터이다. 날수를 짚어가며 남은 일을 차근차근 마무리해 나갔다고나 할까.

이윽고 퇴직일을 한 달 앞두고 직원회의에서 나의 마지막 근무날짜를 스무 명 남짓한 직원들에게도 알렸다. 그리고 우리는 이별

이주여성이 되다

을 앞두고 서로의 아릿한 심중을 헤아리며 지난날을 돌이켜보고 한 바탕 웃다가 또 눈시울을 적시면서도, 곧 다가올 인사교체에 따른 긴장감이나 새로운 전망에 대해서 얘기를 나누곤 했다.

앞으로 내 자리에 오게 될 후임자가 받아볼 보고서를 작성하면서는 나는 다시금 고용조약에 씌어져 있는 방문간호치료기관 관리자로서의 책임과 임무를 읽으며 새삼 나 자신이 대견하면서 흐뭇해졌다. 이렇게 다각적인 직책을 맡아서 오늘까지 순조롭게 운영해 왔다는 데 대한 안도감이다.

지금까지 내 사무실의 일정은 매일매일의 환자관리, 일반사무 처리, 경영관리, 직원관리 등의 소용돌이 안에서 항상 분주했다. 그래도 직장과 작별할 시간이 다가오니까 잠시나마 이런 바쁜 일상의 직무에서 벗어나서 거리를 두고 나의 업무를 되살펴보는 기회도 생긴 것이다. 만사가 바람직하게 끝마무리되고 있음에 자랑스럽기도 했다. 300여 명이나 되는 일반간호 환자와 간호상담 대상의 환자들에게는 일일이 서면으로 작별인사를 띄웠다. 그리고 직원들과는 하루 날을 잡아 음식점에 가서 송별연을 열었다. 이렇게 해서 작별예의를 차리는 일은 다 마무리되는 듯했다.

어느덧 퇴임식이 가까워오고 나는 책상 앞에 다가앉아 퇴임 고별사를 쓰고 또 고쳐 써보지만 매번 마음에 차지 않았다. 이렇게 며칠을 어디서부터 어떻게 시작해야 할지 몰라 헤매다가, 다시금 마음을 가다듬고 써놓은 고별사 초안을 읽어보았다. 그 글은 내가 그간 늘 써오던 연례행사의 축사나 보고서 혹은 발표내용과 크게 다를 바가 없었다. 대부분이 지난 20여 년 동안 몸담았던 방문간호치료기관에 관련된 내용이었다.

곰곰이 생각해 보면 나에게 퇴직은 20년 남짓한 직장생활과의 작별만이 아니었다. 그보다 훨씬 더 깊고 넓은 또 다른 나의 삶과의 작별이기도 했다. 한국에서부터 시작한 46년이란 너비의 직장생활과 독일에서 보낸 40년이란 깊이의 취업 이주여성으로서의 생활과 작별함을 뜻했다. 그럼에도 불구하고 나는 고별사 준비에서 지난 20여 년의 주위에서만 뱅뱅 맴돌고 있었으니 내 마음에 차지 않고 뭔가 부족한 느낌이 드는 것은 당연했다. 그것은 부분적이고 미시적인 시각으로 작별인사에 집중하고 있는 나를 일깨우는 내면의 직관적인 반사작용이었다. 그후 나는 자주 틈을 내어 46년간의 직장생활을 거슬러 올라가서 나 혼자만의 오롯한 작별을 나누었다.

사무실에서 근무하던 마지막날에는 뜻밖의 작별인사를 받았다. 남아프리카공화국의 요하네스버그로 이주하여 직장생활을 하고 있던 우리 아이에게서 전화가 왔다.

"엄마, 나 오늘은 마지막으로 사무실에 있는 엄마와 통화하려고 전화를 했어. 오늘이 지나면 이제 엄마 사무실의 전화번호는 나에게 쓸모가 없게 되잖아. 직장생활 마지막날인 오늘, 엄마 기분이 어때? 열심히 일했으니까 괜찮지? 그동안 수고 많이 했어, 엄마 축하해."

이주여성이 되다

독일의 사회정책을 살펴보면, 법적으로 규정된 의무보험제도 즉 연금보험·의료보험·실업보험·산재보험·간병보험의 다섯 복지영역이 핵심이 되어서 독일의 사회복지제도를 유지하고 있다. 그중에서 1995년에 신설된 간병보험제도는 노쇠, 질환, 정신박약 또는 신체장애로 인해 가정에서 일상생활을 해나가는 데 도움이 필요하거나 혹은 치료와 간호가 필요하면 그에 대한 지원과 혜택을 받을 수 있는 보험제도이다.

방문간호치료기관(Ambulante Pflegedienste)은 간호사와 간호조무사들이 그러한 도움을 요청하는 환자의 집을 방문하여 출장간호와 자가치료를 해주는 시설이다. 노약자나 신체장애자, 홀로 사는 노인들은 이와 같은 기관의 도움과 협조를 받으며 자기 집에서 생활을 해나갈 수 있다. 뿐만 아니라 양로원이나 장애인시설로의 입주가 불가피한 경우에도 가능한 한 입주를 미루면서 자택생활을 연장할 수 있다. 또한 환자들은 병원에 가는 번거로움을 피하여 가정에서 치료를 받거나 병원에서의 입원치료 기간을 단축하기도 한다.

나는 우리 도시의 한 방문간호치료기관의 책임자로 일하고 있다. 이 지역의 두 소도시와 그에 소속된 여러 골짜기 동네가 우리의 활동영역이다. 나의 책임과제는 노인·장애인·환자 들에게서 요청되는 개별적인 도움을 접수하여 기획하고 그에 적합하게 직원들을 파견하여 과제를 분담시키는 일, 가정방문을 하여 현장에서 환자와 간병인, 그외 가족들에게 간호교육을 하고 그들과 상담을 하는 일 그리고 의료기관·사회복지기관·간병보험기관·의료보험기관 등 우리 기관과 사무적으로 연관된 기관들과 교섭하고 절충하는 일반 사무관리직의 일이다.

간병보험이 실시되면서 간호에 대한 인식은 나날이 달라지고 있다. 박애를 기반으로 인간을 앞세웠던 간호의 개념이 경제성을 내세우는 경영학적인 간호개념에 의해 밀려나고 있기 때문이다. 지금 독일의 의료정책은 간호사와 간호조무사들이 "인간적이고 전문적이면서 이 시대의 흐름에 맞는 보다 더 경제적인 새로운 간호기술"을 갖추어야 한다고 요구하고 있다. 직원들을 대상으로 한 위기관리 연수과정에서도 환자들이 이제는 환자이기 전에 기업의 수지타산을 좌우하는 고객임을 주입시킨다.

한마디로 간호직 종사자들더러 장사꾼이 되라는 소리다. 직원들 가운데 이전의 간호학교 교육과정에서 경영학을 배우지 않은 이들에게는 이해하고 실행하기에 무척 어려운 부분이다. 이런 상황을 감당하기 힘들어 간호사 직업을 등지는 경우가 점점 더 늘어나고 있는데, 이것은 또 하나의 악순환이다.

이러한 상황에서 나는 우리 직원들이 어떻게 하면 좌절하지 않고 새로운 변화와 요구에 적응하며 자신의 능력을 최대한 발휘하는 간호기술을 연마할 수 있을까, 그리하여 환자와 간호사 모두 만족하는 길을 찾을 수 있을까를 고심하고 있다. 그 길은 궁극적으로 모든 인간의 존엄성이 보장되는 인간사회를 만드는 길이기에 나 나름대로 긍지를 가지고 열심히 찾아가고 있다.

"피난민으로 독일에 왔나요?"

"나는 한국에서 온 간호사입니다. 무슨 일로 오셨는지요?"

어느 날 내가 일하고 있는 사무실을 찾아온 한 중년부인이 나를 보고 묻는 첫마디였다. 가정간호에 관한 상담을 하겠다고 나를 찾아온 사람이 자기의 용건보다는 소장이라고 소개하는 한 아시아 여성의 정체가 더 궁금한 모양이다. 저 부인의 눈을 가리는 타민족에 대한 선입관이 어떻게 하면 한 겹이나마 벗겨질까?

일반 독일사람들은 60년대 중반과 70년대에 간호분야에서 일할 일꾼이 부족했던 관계로 독일 내의 수많은 의료기관들이 폐업 직전이었던 위기상태를 기억하고 있을까? 한국, 필리핀, 인도 등지에서 불러들인 간호인력의 도움을 받아 일시적으로 당시의 위기를 넘길 수 있었음은 알고 있을까? 그후 주기적으로 반복되고 있는 간호인력의 부족은 오늘날까지 독일의 간호의료계에 비상사태를 초래하고 있지 않은가?

한국 간호인력들의 독일이주는 개발도상국인 한국에 개발 원조를 준다는 명목 아래 시작되었다. 통계에 의하면 1965년부터 외국인노동자 고용 중단정책이 실시된 1976년까지 약 1만 1천 명의 간호사와 간호조무사가 독일에 왔다. 이들 다수가 한국에서 정규 간호교육을 받고 숙달된 임상경험을 쌓은 유능한 일꾼들이었고 그 여성들이 50여 년 동안 독일 의료분야 곳곳에서 종사하고 있는 사실을 인식한다면, 실제로는 한국여성들이 독일사회에 '전도된 개발원조'를 제공한 셈이다.

　　한국여성들의 노동이주 초기, 그녀들은 단지 독일 의료기관의 위기상황(당시 독일 의료분야의 간호직 인력은 약 3만 명이 부족한 상태였다)에 대처하는 임시 미봉책일 뿐이었다. 그에 장단을 맞추듯 독일 보도매체들은 서로 앞다투어 독일에서 일하는 한국여성들을 (흑인종, 백인종, 황인종에 따른 구분의) '노란천사' '미소의 천사' '상냥한 천사' '갸름한 눈의 천사' '구조의 천사' 등으로 표현하며 얄팍한 아첨만 떨지 않았던가? 그러니 "한국에서 온 개발봉사원"이란 개념이 어떻게 이 사회에 용납될 것인가?

　　독일이 경제정책의 필요에 따라 외국에서 노동력을 불러들인 것은 간호인력이 들어오기 훨씬 전부터이다. 1955년 독일은 이탈리아와 협정을 맺고 이탈리아에서 집단적으로 노동력을 수입해 오기 시작하여 스페인, 그리스, 터키, 모로코, 한국(1963년 광부, 1959년을 시작으로 보아야 하는 간호사), 포르투갈, 튀니지 그리고 전 유고슬라비아에서 수많은 외국인노동자를 불러들였다.

　　그러면서 그 이전에 사용되던 '이방인노동자'(Fremdarbeiter)라는 말이 이 시기부터 '손님노동자'(Gastarbeiter)로 바뀌었다. "당신들은 예전의 이방인머슴이 아니라 이제 우리의 손님과 같은 일꾼들이오"라는 일견 호의적인 표현인 것이다. 그러나 그 이면에는 "그러나 당신들은 손님인 만큼 우리에게 필요하지 않으면 반드시 당신의 나라로 돌아가야 해요"라는 의미도 있었다.

거의 60년이 되어가는 오늘, 그 젊던 일꾼들은 이제 고령의 이주민이 되었다. 이들 독일 산업발전의 일꾼들이 아니었더라면 1950~60년대 독일의 '경제부흥의 기적'이나 오늘날 경제강국인 독일의 위상도 불가능했을 것이다. 그런데도 독일정책은 "노동력을 불렀더니 사람이 왔네!"라는 정책에서 벗어나지 못하고 있으며 "독일은 이민국가가 아님"만을 고수하다가 2004년에 와서야 이주민법을 제정하였다. 그런 까닭에 이주민들의 독일사회에의 정착이나 이들 노후에 대한 사회적인 무관심은 간병보험에서도 뚜렷하게 나타난다. 간병보험의 통계수치나 방문간호제도의 기본정책에서 노령화에 따른 인구수의 변화를 측정할 때, 독일국적이 아닌 상당수의 타민족 노인 숫자는 현실에 맞게 고려되지 않았다. 이에 따라 여러 문화권에서 온 이주민 노인환자들의 복합적이며 다각적인 생활조건도 간과되게 마련이다.

나는 한 의료기관의 책임관리자로 일하면서 일상에서 이주민들이 타당한 의료 지원과 혜택을 받도록 특별히 유의하고 있다. 이것은 이주여성으로 독일에 살면서 이주민들의 지위향상과 권익옹호를 위해 할 수 있는 나의 몫이기 때문이다.

수영도 못하는 내가 망망대해 같은 독일바다에 덤벙 뛰어들었다. 40여 년 전, 1970년 가을이었다. 독일에 도착한 사흘 후에 우리 일행은 각자의 병동으로 배정되었다. 나는 일반외과 남자병동에서 일하게 되었다. 유고슬라비아에서 온 젊은 간호사 야드랑카 이외에는 수간호사와 그의 대리 등 모두가 남자간호사들이었다. 사전에 준비운동도 하지 않은 채 뛰어들었던 나는 어리둥절해하며 하루아침에 우둔한 아이가 되어버렸다.

그때 내가 가장 두려워하고 싫어한 것은 전화기였다. 병동근무 중에 다른 동료들은 병실에 들어가 있고 혼자 간호사실에 있을 때 전화가 울리면 나는 받지는 못하고(알아들을 수 없으면서도 몇 번 수화기를 들었다가 더 큰 낭패만 본 적이 있었다) 쿵쿵 뛰는 가슴만 졸였다. 그렇게 어정쩡하게 허우적거리는 나를 누가 보게 되면 "저 한국간호사는 전화 하나도 받지 못하는가?"라고 비웃을까 싶어 나는 화장실만 들락날락했다.

또 한번은 점심시간이 되었을 때 일이다. 수간호사가 한 남자동료에게 나를 가리키면서 "nehmen Sie 국남 zum Kasino(병원구내식당) mit"라고 했다. 내 이름은 알아들었으나 mitnehmen이 무슨 뜻인지 몰라 늘 지니고 다니던 독한사전을 뒤져봤다. 여러 개의 뜻이 있는데 제일 앞에 "가지고 가다"라고 씌어 있었다. '아니, 내가 무슨 물건도 아닌데 무례하게 나를 감히 가져가라고 하다니' 싶어 오기에 화가 치밀어 올라 짧은 영어로 왜 나를 물건으로 취급하느냐고 한마

이주여성이 되다

디했다. 그 사람은 나의 항의를 전혀 이해하지 못한 채 당황해하기만 했다. 나는 펼쳐진 사전을 눈앞에 들이대며 읽어보라고 법석을 떨었다. 그리고는 며칠 후 통역인이 나에게 귀띔해 주었다. 그 말은 "국남을 데리고 가서 구내식당이 어디인지 알려주세요"라는 의미라고.

노령의 수녀들이 본원으로 돌아간 후에 후임자가 없어 쩔쩔매던 천주교 계통의 성 마리아 병원은 한국에서 한꺼번에 간호사 여덟 명이 채용되어 오자 병원 전체에 활기가 돌았다. 도착한 다음날에는 시장이 주관하여 우리를 위한 환영식을 성대하게 열어주었다. 지역신문에는 우리에 대한 기사와 한복 입은 사진이 큼직하게 실렸다. 한국간호사들을 처음으로 채용한 병원측에서는 나름대로 우리를 맞이할 준비를 해놓고 있었다. 간호학교를 졸업하고 본(Bonn)대학병원에 근무하던 한국인 간호사를 임시 채용하여 첫 6개월간 우리의 통역인이자 대변자로 일하도록 배려해 주었던 것이다.

내가 일한 병동에는 간호사, 주방책임자, 청소부로 일이 분담되어 있었다. 주로 터키여성들로 구성된 청소부들은 병실과 병동 청소를 했고 주방에서는 스페인여성 카르멘이 환자음식을 주관했다. 일반병동에서 간호사들의 과제는 간호교육의 기초간호 부분에 머무르고 있었다. 한국간호사들이 근무를 시작한 지 얼마 되지 않아서 인도와 필리핀에서도 간호사들이 채용되어 왔다. 내가 일하는 병동으로는 인도에서 온 쿤야마와 필리핀에서 온 세실리아가 배치되어 우리는 아시아 여성이라는 공감 속에 서로 도움을 주며 화목한 관계에서 일했다.

독일에 와서 받은 첫인상 중 하나는 독일사회에는 직업에 귀천이 없다는 느낌이었다. 자기가 선택한 분야의 직업을 직업학교에서 배우고 자격시험을 치른 후 전문직 기술자가 된다. 또 직업마다 동업조합이 있어 각 직종의 직업개선과 진보에 힘쓰고 있었다. 병원 안에서 의사, 간호사, 물리치료사, 조리사, 청소부, 정원사, 사무직원 모두가 각자 자기 소속의 분야에서 일하고 그들 사이의 인간관계나 서로 의사소통하는 자세는 직업과는 무관하게 한국에서보다 인격적이고 수평적인 관계였다. 의사와 청소부가 동등한 인간관계에서 대화하는 모습, 수공업기술자나 정원사들의 자기 직업에 대한 자부심이나 당당한 직업생활의 모습은 한국에서는 전혀 보지 못하던 이색적인 풍경이었다.

같이 배정된 우리 여덟 명은 큰 기숙사에서 함께 지냈다. 나는 이 기숙사에서 난생 처음으로 나 혼자만의 공간을 차지하는 '사치'까지 누리게 되었다. 복도에는 공동으로 사용하는 부엌과 목욕실, 화장실이 설치되어 있었다. 우리는 근무가 끝나면 한방에 모여앉아 그날 있었던 일이나 답답하고 억울하고 분하고 원망스러운 심정을 토로했다. 독일사람들의 흉을 보며 야단법석을 떨었다. 누군가가 한국에서 올 때 가져온 음반을 틀어놓으면 끝없이 따라 부르며 자기연민에 빠져 울적해지곤 했다. 또 어떤 날은 달콤한 술을 사서 돌려 마시며 긴장된 마음의 응어리를 풀었다. 부엌에서 누군가가 한국음식을 만드는 날이면 어김없이 우리는 함께 모여 고향을 먹듯이 했다. 함께 어울려 울고 웃을 수 있었던 기숙사의 한국동료들과 나는 대변인 노릇을 해주던 독한·한독 사전의 도움을 받아가며 독일이라는 바다에서 물장구질을 할 수 있었다.

그러나 말을 알아듣지 못하는 고통은 물론이고 나의 의사를 언어로 시원스럽게 구사하지 못하는 나날은 정신적인 감옥생활과 다름이 없었다. 그 부자유스럽고 답답하고 비참하기도 한 상황을 극복하는 열쇠는 바로 언어라고 생각하고 무엇보다 우선 말부터 배워야겠다고 결심하고는, 나는 혼신의 힘을 다하여 독일어공부에 집중하였다. 그와 병행하여 수영교사를 찾아가서 내가 사는 동네의 야외 수영장에서 수영 개인교습을 받기 시작했다. 대나무 장대를 손에 든 수영교사가 나를 따라 수영장의 가장자리를 오르내리며 "숨 내쉬고!" "숨 들이쉬고!"를 번갈아 외치면 양팔에 어린이용 새빨간 부이를 착용한 나는 그 구령에 따라 호흡 맞추기에 몰두하였다. 그렇게 수영장을 돌고 돌고 또 돌았다. 그러던 언제쯤인가 나는 수영에 숙달해졌다. 이제 독일바다를 헤쳐나갈 수 있겠다는 자신이 생겼다.

어릴 때 우리 부모님은 궁여지책으로 구멍가게를 차렸었는데 그날 벌어 그날 먹고사는 처지였다. 어떤 날은 하루 종일 잔돈푼밖에 벌지 못해 저녁마다 가게에 들러서 수금을 하는 일수쟁이 아주머니에게 그날치의 일수 돈마저 갚기에 모자란 날도 있었다. 그런 날이면 곤란해하는 어머니의 안색이나, 그런 상황에서도 의연하게 일수아주머니와 거래하는 어머니의 모습을 바라보면서 나는 크면 절대로 남에게 빚지지 않고 살겠다고 다짐했었다. 무슨 일을 하든 여하튼 내가 일을 해서 돈을 벌어 어려운 집안살림을 도와야겠다는 책임감도 그 다짐과 늘 붙어다녔다.

그런 연유에서 경제적인 자립은 내 삶의 기반의 한 부분으로 어릴 때부터 깊이 새겨졌다. 직업학교로 진학하여 간호사자격을 취득한 후 쉬지 않고 직업여성으로 일하면서 나의 직장생활은 자연히 내 삶의 필수적인 한 부분으로 자리를 잡았다.

독일 사회복지제도에는 학생들이 학업기간 동안 생활보조금을 지원받는 제도가 있다. 1974년 내가 베를린에서 학교공부를 시작했을 때 나도 그 혜택을 누릴 수 있었으나, 내가 일을 하지 않으면 '경제적 자립'을 상실한다는 우려와 또 그건 내가 독일사회에 빚을 지고 사는 것이라고 간주해서 그 제도의 혜택을 받지 않았다. 대신 야간부에 등록하여 낮에는 병원근무를 하고 저녁에는 학생으로 새로운 사회화과정에 접어들었다.

그 학교의 교육과정에서 나는 독일의 정치사회 구조를 파악하고 그 속에서 나의 위치를 찾는 데 많은 자극을 받았다. 그즈음 학교에서는 시대정신의 흐름에 맞추어 교과목마다 여성해방운동에 관한 주제들을 다루었다. 여성해방론에 대한 논쟁과 다양한 실천제안

이주여성이 되다

이나 여성을 지배하는 이중적인 사회구조(자본주의, 가부장제도)에 대한 분석과 토론 등은 내가 서구여성이나 제3세계 여성들의 사회적 지위를 새로이 인식하는 데 큰 도움을 주었다.

나를 제외하고는 모두가 독일인인 동급생들과 '제3세계 여성'에 관한 논제를 둘러싸고 토론을 하다 보면 종종 나 스스로의 사회적 위치가 의아스러워지곤 했다. 이론으로 잘 포장되는 토론내용에서 무엇인가가 현실과 어긋나는 듯한데 그게 왜 그런지는 명백히 지적할 수가 없었다. 나의 그런 심정을 동급생들에게 토로하기는 더욱 힘들었다. 제3세계에 속하는 한국에서 독일로 와서 낮에는 간호사로 일하면서 저녁에는 학교에 다니고 있는 나의 위치는 저 복합적인 사회구조의 어느 부분에 해당되는가? 몹시 혼란스럽기도 했다.

1977년 학교를 졸업할 즈음 당시 독일사회에서는 1973년에 제정된 '외국인노동자 고용중단' 법규에 따라 외국인노동자들을 본국으로 돌려보내기 시작했다. 독일의 경제성장에 따라 늘어난 노동력 수요를 충족시키기 위해 임시변통으로 불러온 '손님노동자'들을 경제 침체의 기미가 엿보이자 이제는 쓸모없는 '외국인노동자'로 탈바꿈시켰던 것이다. '외국인노동자'로 개념이 바뀌면서 독일사회에서는 "외국인이 독일인의 일자리를 빼앗고 있다" "외국인노동자가 독일인의 실업을 초래한다" "외국인을 추방하라" 등의 인종차별적이고 선동적인 구호들이 공공연하게 용인되었다. 이런 사회분위기는 돌림병처럼 온 독일사회에 퍼져나갔다.

독일에서 일하던 한국간호사들 중에도 그 정책에 의하여 노동허가를 받지 못해 체류연장이 불가능해지면서 본의 아니게 한국으로 귀국을 강요받는 사람들이 생겨났다. 이에 분개하여 한국여성들은 "우리는 인간이지 상품이 아니다"는 구호를 내걸고 한국에서 온 간호사와 간호조무사들을 강제 추방하는 독일의 정책에 대항하여 전국적으로 서명운동을 벌였다. 이 서명운동에 참여하면서 나는 나와 공통된 경험과 문제를 안고 있는 많은 한국여성들을 만났다. 우리에 대한 부당한 처사를 우리가 적극적으로 문제화시키고 그에 능동적으로 대응하며 얻은 공동체험은 나를 정치대상의 위치에서 정치활동의 주체로 인식하게 하였고 그것은 다름 아닌 나 스스로를 정치화하고 해방시키는 의식화과정이었다. 그녀들과 더불어 학습과 정치활동을 하면서 야간학교 시절 헷갈리고 막연하게 보였던 이 사회에서 나의 위치도 "나는 한국에서 독일로 취업해 온 간호사이며 독일의 한 이주민 여성노동자"임이 분명해졌다.

독일 여성운동의 역사를 공부할 때, 독일의 여성혁명가인 클라라 체트킨이 1889년 파리의 사회주의자대회에서 한 연설 중 "여성의 종속은 경제적 독립을 통해서만 제거될 수 있고 여성의 경제적 독립을 위한 필수적인 조건은 노동이다"라는 주장을 읽으면서 나는 거의 100년 전의 연설이 현재 우리의 상황에 적용되는 동시에 나 개인의 삶과도 연관되는 지적이라는 것을 깨달았다. 나의 어린 시절, 그 시대의 경제적 궁핍이 주는 부자유의 고통은 '경제적 자립'을 개인적

이주여성이 되다

인 차원에서 삶의 지표로 세우도록 고취하였고, 그와 연관되어 간호사직업을 택했고 그 직업이 발판이 되어 독일로의 취업이 가능했었고, 독일에서 살아가면서 이주민 여성노동자로서 위치를 찾은 나는 여성해방의 길목에 성큼 들어섰음에 뿌듯한 긍지를 느꼈다.

독일로 온 지 6년이 되던 해에 사귀고 있던 독일친구와 결혼을 하겠다고 부모님께 편지를 썼다. 집안에서는 난리가 났다. 독일로 떠나오기 전에 중매쟁이가 가끔 우리 집에 들른 적이 있었다. 나한테 마땅한 혼처가 나섰다고 어머니를 넌지시 떠보면 어머니는 다시 나를 슬며시 떠보곤 했다. 내가 딱 질색을 하고 말도 못하게 하면 어머니는 내가 보기에 오히려 은근히 안심을 하는 눈치였다. 내 짐작으로 어머니는 딸을 시집보내기가 아까웠던 것이 아닐까 싶다(우리 집에는 딸이 다섯인데 가끔 그런 분위기가 집안에 감돌았다). 그런 내가 독일사람과 결혼한다고 했으니 어머니에게는 딸을 시집보내는 안타까움이야 말할 것도 없겠지만, 도무지 어디에 있는지도 모르는 나라의 사람과 딸을 혼인시키면 딸 하나를 영영 잃는 것과 다름이 없으니 아마 애간장이 다 탔을 것이다.

어머니가 회갑을 맞던 해에 나는 회갑잔치에 가지도 못했다. 그해에 태어나서 백날도 안 된 우리 아이가 입원해 있었기에 죄송함을 전했으나 팔남매 자식 중에서 나 하나만 쏙 빠졌으니 딸 하나 잃는다는 어머니의 우려는 꼭 들어맞았던 셈이다.

아이의 첫돌 때는 한국에 가서 지냈다. 그리고 아이가 세 살이 되었을 때 우리 부부는 무급휴가를 내어서 장기간 친정에 가서 지냈다. 아이는 엄마의, 남편은 아내의 나라에 가서 살면서 언어와 풍속을 몸소 익히자는 계획에서였다. 집안의 완강한 반대를 무릅쓰고 결혼했기에 한 지붕 아래서 부닥쳐가며 살면서 가족들이 서로의 서먹서먹한 관계를 해소시키고 '한독부부'나 독일사위, 독일형부에 대한 편견이 사라지기를 은근히 기대했었다.

한국의 문화와 관습을 습득하겠다는 우리의 의도는 선의로 보아 곱게 받아들였으나 "사위는 백년손님"이라는 한국사회에서 독일사위가 여덟 달이 넘게 처가에서 지냈으니 친숙해지기까지 친정식구들은 그들 나름대로 엄청난 문화적인 충격을 받았을 것이다. 종종 아버지와 단둘이 있게 되면 아버지는 내가 민망할 정도로 안쓰러워하셨다.

"야야, 내가 애비 도리를 다 못한 탓에 니가 독일까지 돈 벌러 가서 고생하니 내 참 미안타."

"아입니다, 아부지. 독일서 잘살고 있으니 걱정하지 마시소."

"아이다, 아이다, 그래도 그게 아이다. 참 애닯고도 애닯구나."

아버지의 그 깊은 쓰라림은 내가 감히 가서 닿을 수 없는 머나먼 곳이었다.

독일로 돌아온 우리는 다른 도시 변두리의 한 농가로 이사

이주여성이 되다

를 갔다. 큼직한 마당에는 헛간, 닭장, 마구간이 둘러서 있고 헛간을 나서면 앞이 훤히 트인 넓은 밭이 딸린 집이었다.

　　독일이라는 나라가 어디에 있고 그 나라 사람들은 어떻게 사는지 그리고 우리가 어떻게 사는지 보러 오시라고 양친을 독일로 초대했다. 농경사회에서 자란 부모님은 늘 집안에 땅 한 자락을 소원하셨다. 우리 집이 대도시에서 살 때와는 달리 뜰이 넓고 땅이 딸린 곳이어서 두 분이 소일하기에도 넉넉할 것 같았다. 그러나 어머니는 독일땅에서 나를 만나는 기쁨보다 이국땅에서 나와 작별할 생각이 앞서서 독일로 올 엄두가 안 난다고 극구 사양하셨다.

　　"야야, 우리가 니 보러 갔다가 니를 독일땅에 혼자 남겨두고 차마 어예 우리만 비행기 타고 돌아오겠노. 차라리 안 갈란다."

　　"우리가 가느니 니가 자주 나온나. 우리가 독일 가면 우리만 니를 볼 긴데 니가 한국 나오면 우리 모두가 다 니를 볼 거 아이가."

　　이렇듯 나는 우리 부모님을 독일의 우리 집에 한번도 모시지 못했다. 독일에서 살고 있는 내 모습을 보지 못한 두 분은 아마 내가 우주의 어느 곳에 떨어진 나그네가 되어 외계인으로 떠돌아다니고 있다고 상상하셨는지도 모르겠다. 언젠가 고령이 되신 부모님을 위해 자녀들이 돈을 모아 집을 새로 장만하였을 때 두 분은 그 집을 반드시 내 명의로 등록해야 한다고 우기셨다. "야야, 부모자식간이나 동기간은 또 다르니라. 우리가 살아 있는 동안이야 무방하지만 나중에 우리가 죽고 나서 니가 언제라도 한국으로 나오면 어데 한 군데라도 갈

데가 있어야 할 거 아이가."

내가 선택한 독일에서의 삶은 나의 시야와 생활영역을 넓혀 주었다. '한독부부'로서 새 길을 다져나가는, 두 문화 혹은 다문화권에서 자라는 아이들의 교육에 심취하는, 직장생활에 자부심을 갖는, 동지들과 이주민여성의 권익옹호와 지위향상을 위한 정치사회 활동에 참여하는 진취적이고 자유로운 생활이었다. 그러나 내가 독일에서 살고 있기에 부모님의 마음을 괴롭혔다는 미묘한 자책감이 내 마음 깊은 한구석에 집요하게 도사리고 있었다. 흡사 부모님께 '자식의 도리'라는 빚을 지고 있는 심정이었다. 아버지가 돌아가시고 그 몇 년후 어머니가 세상을 떠난 후에서야 나는 그 '부채'에서 비로소 해방이 되었다는 느낌을 받았다.

아이가 태어났을 때 나는 다짐을 했다. 우리 아이들이 성인이 되어 다른 나라로 떠나가든, 그곳에서 어느 나라 사람과 짝을 지어 살게 되든 그들의 자유로운 결정을 존중하고 적극 지원해 주리라고. 그렇게 성장한 두 아이들은 부모 곁을 떠나 저네들의 생활영역을 만들어나갔다. 큰아이가 남아프리카공화국에 일자리를 얻어 이사를 가게 되었다. 아이는 아무런 부담 없이 자유로운 선택을 하여 우리의 격려를 받으면서 부푼 마음으로 독일을 떠났다. 도착 후 그곳에서 생활하면서 종종 전자우편(e-mail)으로, 문자서신(SNS)으로, 화상통화(Skype)로 내가 가보지 못한 그곳의 상황을 보여주고 알려주었다. 아

이주여성이 되다

들은 요하네스버그의 외국인출입국관리사무소에서 입국신고 용지에 국적과는 별도로 백인(White), 흑인(Black), 유색인(Coloured), 아시아인(Asian) 중의 하나를 선택해서 기입했어야 하는데 한국인과 독일인을 부모로 가진 나는? 하고 잠시 어리둥절했다며 외국인으로서 겪는 생소한 절차에 대해서도 들려주었다. 이렇듯 우리는 비행시간 10시간이 소요되는 거리에 떨어져 살면서도 첨단 정보과학기술의 혜택으로 일상생활에서 일어나는 사소한 일까지도 서로 나누면서 공유할 수 있었다. 아이의 이주생활은 나에게 또 하나의 새로운 세계와 다른 문화에 주목할 수 있는 창문이 되어 나의 시야를 더 넓혀주는 기회가 되었다.

아이가 떠나고 나서 나는 가끔 아이생각에 혼자서 안쓰러워했다. 나의 그 모습에는 우리 부모님의 모습이 겹쳐서 비쳐지고 있었다. 딸이 간, 감히 닿을 수 없다고 여기던 그 먼 곳, 우리 아버지와 어머니의 심정에 내가 좀더 가까이 다가가는 느낌도 들었다. 우리 부모님이 딸을 미지의 나라 독일로 보낼 때는 집에 전화기도 없는 시절이었다. 전화가 가설되고 나서도 통화가 몹시 힘들었던 그 시절에는 전화국에 미리 전화연결을 신청한 후 열몇 시간이 지나서야 교환수가 호출전화로 통화연결을 해주었다. 그때 그분들의 심정을 이제야 어렴풋이 알 것 같다고, 이미 세상을 떠난 두 분에게 나직이 속삭여본다.

독일 개신교 소속 개발원조기관을 통해서 1984년부터 3년간 한국에서 개발봉사원으로 일할 기회를 얻었다. 지역사회 간호사로서 농민들이 조직한 지역사회협의회 내에서 지역의료 분야를 개발하는 사업이었다. 나는 그 지역사회에 소속된 여섯 부락을 중심으로 진료실을 설치하고 모자보건, 건강교육, 건강상담을 중점으로 운영하는 책임을 맡았다. 남편은 인근의 농업전문학교에서 유기농업의 이론과 실습을 가르치고 우리 집에 딸린 밭을 친환경적인 농사시험장으로 하여 지역사회의 농민들과 우리 마을의 이웃들과 유기농작을 시도하는 과제를 맡았다.

나의 사무실에서 십리쯤 떨어진 이웃마을의 산골동네에 한 토담집을 거처로 정하고 우리는 '독일집 사람'의 생활을 시작했다. 나는 독일에서 온 한국인 지역의료 간호사로서 나의 담당과제를 개발해 나갔다. 우리 아이들은 시골의 초등학교와 병설유치원에 입학하여 '독일아이들'이 되어 내가 독일생활 초창기에 겪은 것처럼 주위의 관심과 호기심 속에서 한국생활을 익혀나갔다.

한국으로 다시 오기까지 지난 14년간 독일에서 생활하면서 나는 한편으로는 한국사회와 단절된 아픔을 이겨내느라, 다른 한편으로는 독일사회에 새로이 적응하느라 이중으로 시달렸다. 그 독일을 떠나와 다시 한국에서 생활하게 되니 그 사이 독일사회에서 습득한 나의 생활방식과 사고방식은 한국사회의 가치관이나 규범과 또다른 각도에서 충돌되어 한국에서는 이중삼중으로 시달렸다. 그 와중에 '나'를 잃지 않으려는 나의 안간힘은 곡예사의 줄타기와 다름이 없었다. 독일사회에서 살면서 '나'란 한국과 관련된 모든 것이라 생각하며 그 안에서 나의 정체성을 고수하고 있었는데, 한국에 와보니 그동안 한국사회는 급격히 변해 있었다. 내가 생각하고 있던 한국은 '골동품상'에나 가야 볼 수 있었다. 내가 자란 땅에서 내가 고립된 이방인이라는 생각이 들었다. 그 사실은 타국에 살면서 이방인임을 실감하는 것보다 더 나를 혼란시켰다. "나는 어디에 있는가?" "무엇이 나의 고향인가?" 정체성을 찾는 나 자신과의 씨름은 또다시 시작되었다.

아이들은 학교에 다니면서 잘 적응하였고 동네아이들과 무리지어 어울리면서 '한국아이'들로 자랐다. 외갓집의 따뜻한 정서도 맘껏 누렸다. 친정부모님들은 딸넷집으로 나들이 왔다. 집 앞의 밭둑과 고랑이나 뒤안의 대나무숲은 아버지의 손길로 깔끔하게 손질되었다. 딸이 운전하는 봉고차를 타고 다니는 것이 신기하고 자랑스러워 연방 싱글벙글하시던 모습에 나도 기쁘기 그지없었다. 몇 년 동안 서로 쉽게 오갈 수 있는 가까운 하늘 아래 살면서 가능했던 부모님과 형제자매들과의 어울림은 내가 부모님을 독일로 모시지 못한 아쉬움이나 형제자매들을 그리워하던 안타까움을 한 움큼 녹여주었다. 어느 여름날 저녁 우리 집 마루에서 막걸리를 한잔 드시던 아버지가 사위와 마주앉았다. "보게, 자네가 우리 아이를 따라 한국으로 와서 이렇게 사는 걸 보이 참 고맙네. 나도 이제 안심이 되네."

3년이 지나면서 우리 가족은 서서히 마을의 구성원으로 자리를 잡았고 이웃들이나 우리 스스로도 이방인임을 의식하지 않는 나날을 보냈다. 한국에 정착하여 오래 살고 싶은 소망도 품을 수 있었다. 이러한 인식변화의 체험은 내가 한정된 짧은 기간 동안 손님의 처지로 지냈다면 실감하지 못했을 것이다. 내가 지금 살고 있는 사회로 융화되는 한복판에 내가 서 있었다. 이런 변화과정을 겪으면서 나는 내 정체성을 그리고 내 고향의 의미를 지리적으로 자리매김하여 한국 아니면 독일로 양분하려는 사고에서 벗어나야 한다는 것을 새롭게 깨달았다. 내가 한국에 있거나 독일에 있거나 아니면 또 다른 어느 곳에 있던 내 고향이란 바로 내가 현재 살고 있는 그곳, 나의 현실, 나의 삶 그 자체라고 풀이하였다. 그러한 이해에 다다르자 내 마음은 여태까지 지고 있던 봇짐을 내려놓은 듯 홀가분하고 평화로워졌다. 나 스스로의 내적 얽매임에서, 또 하나의 다른 사슬에서 벗어났다. 이주민여성의 삶과 씨름하면서 누려보는 이런 순간은 자유를 맛보는 희귀한 한 순간이다.

"움직이지 않는 사람은 자기의 사슬을 느끼시 못한다"는 말이 있다. 이주에 의한 수많은 움직임은 나의 사슬을 느끼게 하고 또 밝혀주었다. 이주민여성으로 살아가면서 얻는 일상에서의 사소한 앎과 깨달음은 나에게 정신적인 가치로 축적되어 나의 삶을 한층 더 부유하게 해주고 있다.

이주여성이 되다

나의 샘터

엄마! 내가 누구예요?" 엄마 앞에 다가앉아 여쭈어보았다. 나를 쳐다 보시며 무슨 생각이 날듯 말듯 하시는 것 같더니, "누구긴 누구야. 사 람이지! 아무리 바보라도 그까짓 것도 모를까봐." 쓸데없는 질문을 다 한다는 표정이시다. "그런데 어떤 사람이냐구요?" "뭐~ 박서방집 딸 이겠지!" 나는 혹시나 하고 귀가 솔깃하여 "누구 딸인지 생각나세요?" 하며 다그쳐물으니 이제는 귀찮다는 표정이시다.

　　"몰라요. 이제 늙어서 아무것도 몰라요!" 별안간 나한테 존댓 말을 쓰시며 정색을 하고 말씀하시다 일분도 채 못 되어 불안해하신 다. "그런데 여기는 어디야? 내 부지런히 집에 가야 하는데. 김장도 남 았고, 메주도 띄워야 하는데 언제 다 하라고… 집 비운 지 벌써 서너 날 되었는데… 아이구! 누가 보면 망령들었다 하겠네. 그런데 왜 금방 데리러 온다던 애들이 안 와?" 하시며 내 눈치를 보신다. "밥 없어요?

하루 종일 굶어서 어지러운데 밥 있으면 한 숟갈만 줘요."

2008년 가을, 2년 만에 다시 한국에 오니 그사이 엄마는 생각보다 치매가 심해지셨다. 찾으시는 것이 밥이고, 아들이 집으로 모셔가기를 기다리는 것이 엄마의 전부였다. 내가 먼데서 오래간만에 온 사람이라고 특별히 허락을 받아, 엄마와 함께 막내동생한테 와서 지내고 있는 시간이다.

이 집 가족들은 모두 일찍 나가고, 나는 엄마랑 아침밥을 먹고 설거지를 하는데 엄마는 "나 아침도 못 먹어 어지러운데 밥 좀 줘요" 하신다. "엄마! 지금 밥 빨리해서 드릴 테니까 그 사이에 이빨 닦고 샤워하세요." "금세 닦았는데 왜 또 닦아!" 하시며 우기시는 분과 싸워가며 어린애 다루듯 살살 달래어 끌다시피 해서 씻겨드렸다. "아이구 시원해! 한번도 나를 이렇게 씻겨준 사람이 없는데 누구신지 만복을 받으세요" 하며 좋아하신다. 그러고는 앉자마자 다시 밥을 찾으시는 엄마를 또 거짓말로 둘러대며 시집오셨을 때 이야기를 물으니 금세 신이 나셔서 긴 얘기를 펴내셨다.

"내가 열여섯에 여주 밀양박씨 양반댁으로 모두들 부러워하는 가운데 시집을 오니 시어머니는 병들어 누우셨고 막내시누이는 세 살이어서 내가 다 키웠는걸."

큰형님이 정신병자라 둘째이신 아버지가 맏이노릇 다했고, 엄마는 팔남매의 종갓집 맏며느리가 되셨다. 시어머님은 10년 동안

이주여성이 되다

누우셔서 꼼짝 못하시며 시집살이를 시키셨고, 아버지는 장가들자마자 다시 서울로 가서 일하시며 달 바뀌면 한번씩 시골에 왔다 가셨지만, 엄마는 돈구경은커녕 시누이들에게 사다주는 '구루무'도 하나 못 받으셨다. 일꾼보다도 더 억세게 일만 하셨고 저녁 늦게 천근만근 무거운 몸을 끌고 건넛방에 혼자 이불 하나 내어 돌돌 말고 누워서 엄마는 밤마다 울다 잠이 들었다.

그러다 첫아기를 낳으셨다! 온 동네사람들이 종갓집에 첫아들 났다고 "새댁 좋겠네" "서방님 오시면 업어주시겠네" 하며 기뻐했는데, 시누이들은 애를 봐주기커녕 시샘만 냈고 시어머니는 해산하고 꾀를 낸다고 "애는 너 혼자만 낳아봤냐" 하시며 걱정하셨다. 할 수 없이 애기를 싸매어 업고 물동이를 메고 집 앞 언덕을 오르면 앞이 깜빡깜빡해지는데도 업은 애가 좋아서 입술을 깨물고 올라가셨다.

"하루는 애를 업고 디딜방아를 찧는데 아랫도리가 칼로 베어내듯이 아팠고, 시어머님께 혼날 생각하니 이를 악물고 찧고 있었는데, 가랑이 사이로 피가 줄줄 흘러내리지 뭐야! 난감하기 짝이 없어 간신이 속치마로 감싸고 집으로 왔지. 그날은 시어머님도 들어가 누웠다가 하라고 하시데. 다음날 아버님께서 삼신할머니 나가신 달이라며 시누이를 시켜 따로 밥상을 내 방으로 보내셨는데, 시집와서 처음으로 받아보는 혼자만의 밥상이었어. 눈물에 보이지 않는 보리알을 알알이 세며 먹었지. 얼마나 좋았던지 빈 젖꼭지를 물고 있다가 잠이 든 애까지 흔들어 깨우며 '이것 보구 자, 아가! 밥사발이 가득 찼다! 할아버지가 특별히 내려주셨는데…' 했지."

그러던 어느 날 아장아장 걷기 시작하던 애가 아침에 안 일어났고, 시어머니한테 "어머니 애가 이상해요!" 하니까 시아버님을 안방으로 들게 하셔서 무슨 말씀들을 나누시더니, 애를 흰 천에 돌돌 말아 머슴을 시켜 지게에 지고 어디로 가버렸단다. 애기가 하루아침에 없어지니 애기 있을 땐 안 나오던 젖이 퉁퉁 불어나 적삼까지 흠뻑 배어났고, 엄마는 또 혼자가 되셨다.

다음날 옆에 앉아서 나를 쳐다보시다가 "어디서 많이 본사람 같은데?…" 하시는 엄마한테 '엄마 큰딸이요' 하고 속으로 대답하며 과일과 먹을 것을 잔뜩 앞에 놓아드리고 나는 명상하는 마음으로 냉장고를 닦으며 또 엄마이야기를 들었다.

"셋째는 꼭 문둥이 같아 동네사람들한테 보이지도 못하고 숨겼지. 온몸에 헌디가 나서 고름이 줄줄 나고, 내 아랫도리도 다 헐어 산후에 죽는 줄 알았어. 그애는 백일도 못 지내고 죽었고… 아이구! 내 전생에 무슨 죄가 그리도 많은지…"

그후 엄마는 아버지와 함께 치료를 받으시고 넷째를 낳았는데 애기가 살결도 곱고 얼마나 예쁘던지 날마다 업고 광목빨래 해대며 방아도 찧고 물 길어 나르면서 황소보다 더 많은 일을 해도 밤에 애기랑 누우면 세상에 부러운 것 없었다. 애기가 첫돌 지나고 빵긋빵긋 웃으며 엄~마 하고 말을 시작하는데 여름에 참외를 잘못 먹였는지 설사를 이틀 하더니 사흘째 죽었다.

엄마는 나한테 "사람의 목숨이 이리도 질기다우!" 하시며 별안간 아무 말씀도 안하셨다.

그후로 물동이 이고 나가면 동네사람들의 수군대는 소리만 뒤통수에 박히고, 아무도 이렇다 저렇다 말 한마디 없었다. 어느 날 동네 한 어르신네가 "새댁! 아무래도 안 되겠어. 서방님 따라가서 살며 부처님께 공양드려야 하겠는걸!" 하시며 하루가 멀다 싶게 시어머님을 찾아뵈었고, 어느 날 십년이 넘도록 혼자 한 시집살이를 접고 아버지를 따라가 새살림을 차렸다.

"어쩌다가 또 애가 생겼는데 동네 어르신네가 부처님을 믿어야 가문이 이어진다고 하신 말씀대로 여주 벽절에 모든 걸 맡기었지. 낳기 전에 백일기도 드리라고 큰스님이 말씀하셔서, 오밤중에 정수 떠놓고 우리 두 내외 무릎이 닳도록 '그저 부처님 너그러운 배려로 자식 하나 살려주시옵소서' 하고 빌고 또 빌었는데 그 심정은 부처님밖에 몰라. 왜 절하려 엎드리면 그리도 눈물이 쏟아지는지, 자식이 뭐라고. 그렇게 낳고 보니 딸이야. 사람 시켜 시댁에 소식 전했더니 시아버님께서는 '딸이면 어떤가. 그저 건강히 잘 커주기만 하면 감지덕지하지' 하시며, 바르고 곧게 잘 자라라고 '곧을 정' 자에 '아들 자' 정자라고 이름을 지어주셨고, 벽절에도 소식 보내니 큰스님께서 '금례'라고 우리 큰딸 이름을 지어 보내주셨지!"

그 금례! 그렇게 낳은 큰딸 정자가 엄마 옆에서 내내 흐르는 눈물을 주먹으로 닦으며 수세미로 냉장고 안팎을 벅벅 밀고 있는데도 모르시고, 장장 2시간 동안 "내 밥 먹었니? 집에 가야 하는데 왜 안 데리러 와?" 수시로 하시는 말씀도 잊어버리고 옛날 속에 완전히 앉아 계셨다. 이야기를 하시던 엄마는 그 자리에서 팔을 베고 누우시더니 그냥 깊은 잠에 빠졌다. 이야기를 하실 때는 아픈 상처가 그대로 드러나도록 찌그러졌던 얼굴이 이제는 아무런 표정 없이 고운 모습이다.

그 어린나이에 시집오셔서 멋모르고 낳은 자식들 하나하나 떠나보내고 그 심정은, 그 아픔과 외로움은 어떠하셨을까? 우리 엄마 치매로 딸도 알듯 말듯 하시는데 왜 그 아픈, 상처투성인 옛일들은 지워지지 않고 생생히 엄마한테 남아 있나? 나는 잠이 드신 엄마 손을 잡고 쓰다듬으며 마냥 울었다. 엄마는 그 딸을, 나를 어떤 심정으로 그 먼 독일로 보내셨을까? 나와 엄마의 인연이 깊지만 너무도 짧구나 하는 아쉬움에 주무시는 엄마 손을 놓을 수 없었다.

어릴 때부터 나는 공부하는 것을 좋아했고 마음 같아서는 인문계 고등학교를 들어가 대학도 가고 싶었지만 빨리 학교를 끝내고 돈을 벌어야지 아래로 동생들이 셋이나 있는데, 또 그애들은 꼭 대학에 가도록 해야지 하는 생각에 상업학교를 선택했다. 시골에서 중학교를 마치고 서울에 그것도 '상업학교'에 들어간다는 것은 하늘의 별 따기라며 어림도 없다는 주위의 얘기를 무시하고 내 고집대로 했다.

입학시험 결과 발표날 나는 혼자 학교문 밖에서 오전 내내

이주여성이 되다

서성거리며 추위에 달달 떨면서도 차마 교내에 들어서지 못했다. 수험생들과 그들 부모님과 친구들이 섞인 학교 운동장에는 흰 종이에 합격자 명단이 씌어진 크고 높은 판들이 세워져 있었다. 점심때쯤 되자 울고 웃으며 내 앞을 지나가는 사람들이 차츰 뜸해졌고, 꽁꽁 얼어버린 나는 발길을 그곳으로 옮겨 이빨이 딱딱 부딪치는 것을 억지로 참으며 이름을 훑어보았다. 내 이름이 눈에 띄는 순간 나는 그 자리에서 그만 털썩 주저앉아 버렸다.

학교를 다니며 홍제동 산동네에 콧구멍만한 방 하나를 얻어 자취를 했다.

"학생! 이 산동네는 수돗물이 안 들어와. 저 아랫마을 곰보 아주머니댁 수돗물을 공동으로 사용하니 그리 알아." 주인아주머니가 가르쳐주신 집으로 나는 생전 처음 물지게를 지고 가 물을 길어왔다. 물지게를 지고 좁은 꼬부랑 언덕길을 비스듬히 뒤뚱거리며 올라오면 물은 반밖에 남지 않았다. 저녁이면 핏자국으로 멍든 어깨가 아파서 끙끙거리면서도, 졸음이 덮쳐 꾸벅거리면서도 나는 책을 항상 손에 쥐고 있었고 열심히 배우면 대학 갈 길도 열리리라 하는 희망에 마음 뿌듯했다.

반년 후부터 함께 데리고 자취를 하던 동생은 항상 배고프다고 했는데, 시험 때면 밥할 시간마저 아깝고 또 피곤하여 생활비에서 아끼고 아낀 돈으로 풀빵 사서 주며 달랜 적이 많았다. 한참 클 나이였는데 얼마나 배가 고팠을까 생각하니 마음이 아프다. 그래도 엄마한테는 힘들다는 말을 한마디도, 내색도 전혀 하지 않았다.

그렇게 파고든 공부의 종점은 졸업을 앞두고 한 달 전부터 약품회사에 취직이 되어 사회인이 된 것이었다. 일을 하고 돈을 벌면서 집에 보태고 야간대학을 가야지 하고 마음먹었던 꿈은 환상이었다. 동생들 학비가 줄줄이 나가고, 엄마는 집 한 채 마련한다고 그 빠듯한 생활비로 계까지 드셨다. 나는 월급봉투를 몽땅 엄마한테 드리고 차비를 타서 썼다. 그것은 그 당시에 너무도 당연한 일이었다.

직장생활을 시작한 지 거의 일년이 되어가던 어느 날, 점심시간에 신문을 보다가 광고가 눈에 띄었다. 해외개발공사에서 독일로 내보낼 간호사를 모집한단다. 그 광고 한 귀퉁이를 찢어서 주머니에 넣고 몇 주가 지났다.

물론 겁도 났지만 비행기 타고 외국으로 나간다는 것, 가서 돈을 벌고 내가 하고 싶은 공부도 할 수 있지 않을까 하는 막연한 희망과 공상이 가슴을 부풀게 했다. 어느 땅 한구석에서 무엇이 나를 기다리고 있을까? 혹시 사기라도 당하는 것은 아닐까? 고민 끝에 아무에게도 말하지 않고 해외개발공사에 원서를 내었다. 입학시험을 보고 간호보조원 교육을 1년 동안 받은 다음 간호보조원 면허증을 땄다. 그리고 독일에 가는 신청서를 내며 해외개발공사에서 준 독일말로 씌어 있는 고용계약서의 내용도 이해 못하면서 직원들의 설명만 믿고 가리키는 칸에 도장을 찍었다. 또한 나의 짧은 사회경험이었지만 거짓과 비리로 얼룩진 한국의 사회생활에도 도장을 찍었다. 나는 그제야 엄마아버지께 말씀드렸다. "저 독일로 취직해서 가요!"

그리고 얼마 후 한국출발 허가와 일정이 정해졌으니 반공교육 받고 여권 타러 오라는 소식이 날아들었다. 나는 정해진 날 해외개발공사에 가서 한 군인아저씨가 열심히 가르치는 반공교육을 받았고 반공영화도 보았다. 수업이 끝난 후 교육을 받은 우리는 모두 일어나 앞의 태극기를 향해 오른쪽 손을 왼쪽가슴에 얹고 "나는 국가와 민족을 위하여 출국한다"는 선언을 했다. 그리고 똑같은 내용의 계엄사 도장이 찍힌 여권도 받아쥐었다.

내가 지정을 받은 도시는 베를린이었다. 하필이면 공산권에 있는 반쪽 섬 도시에 배정된 것이 내심 불안했지만 겉으로는 척도 안 했다.

엄마는 그저 걱정이셨다. "쟤가 간도 크지. 거기가 어딘 줄 알고, 그것도 혼자서 빨갱이 나라에 제 발로 걸어 들어가! 그러다가 빨갱이한테 잡혀가면 어쩌려고!"

"엄마! 거기는 빨갱이 나라가 아니고 서독에 속하는 도시예요."

"어이구, 이 철부지야! 다 뭔가 시원찮고 위험하니까 그놈들이 우리를 데려다 쓸려고 하는 거야! 안 그러면 뭐가 예쁘다고 데리고 가? 니가 잘 나서 세상 끝에서 꽁짜로 데려가는 줄 아니!"

아버지는 뜻밖에도 아무 말씀을 안 하셨다. 나는 침묵을 지키시는 아버지가 더 불안했고 미리 상의드리지 않은 것이 죄송스러웠다. 출국 2주 전 아버지께서 아침부터 부지런히 나가시더니 동대문 시장에서 빨강과 검정 줄이 그려져 있는 큼지막한 가방 하나를 사들고 오셨다.

"내가 저애를, 그렇게 배우고 싶어하는 공부를 더 시켰다면 독일을 안 갈 텐데…" 혼자말씀처럼 한숨을 내쉬시며 엄마한테 그 가방을 내미셨다. 나는 건넌방에서 그 말을 들으며 가슴이 찌릇하여 혼자 울었다.

엄마는 '꼭 시집보내는 기분'이라시며, 젖어오는 눈시울을 손등으로 슬며시 누르면서 해외개발공사에서 나누어준 준비물 사항이 적혀 있는 쪽지대로 가방 속에 차곡차곡 물건들을 넣으셨다. 동네 시장에서 바느질하시는 아주머니한테 새로 맞춘 한복 한 벌, 외국에 가면 파티 드레스가 필요한 것이라고 적혀 있어, 주홍색에 까만 레이스로 목부분을 박았고 까만 끈으로 허리에 나비리본을 매는 드레스를 엄마는 월부로 마련해 넣어주셨다. '콘사이스 독한사전' 그리고 엄마가 만드신 볶음고추장과 고춧가루 한줌, 김과 미역이 가방에 챙겨졌고, 동생들이 군침을 흘리는 오징어도 엄마는 정자 몫이라고 이내 손도 못 대게 하시며 가방에 싸셨다. 꼼꼼하기로 소문이 나셨던 우리 아버지! 내 가방도 예외 없이 가느다란 밧줄로 꽁꽁 가로세로로 묶으셨다.

이주여성이 되다

떠나오기 전날 가족 모두가 목욕탕에 가서 묵은 때를 싹싹 밀고, 사진관에 가서 가족사진도 찍었다. 아버지께서는 양복정장 차림으로 먼저 나서셨고, 엄마는 아끼는 한복을 곱게 입으시고, 동생들은 모두 교복을 단정히 입고 우리 여섯 식구는 사진관으로 나들이를 갔다.

출국하는 날 아침에 엄마가 고기를 넣고 미역국을 끓여주셨지만 나는 너무 흥분이 되어 먹는 둥 마는 둥하고 일어섰다. 그날은 단념을 하셨는지 엄마는 아무 말씀도 안 하시고 눈물도 안 보이셨다. 후에 "언니! 언니가 독일로 떠나고 나서 엄마가 밤에 잠자리에서 날마다 울었다. 내가 몰래 다 들었는데…" 하며 막내동생이 편지를 써보냈다.

가족들과 친척들은 모두 나들이 옷차림을 하고, 생전 처음으로 가는 공항구경에 마음이 들떠 나갔고 나는 사촌동생과 같이 청계천입구 조흥은행 본점으로 갔다. 조흥은행 역시 울긋불긋 새 한복 또는 새 옷을 입고 온통 들떠 있는 출국하는 사람들과 동행한 일행들로 붐볐다. 해외개발공사 직원들과 은행직원들이 나와서 한 사람씩 체크를 하며 친절하게 우리를 맞이하였다. 그리고 우리에게 독일서 송금하는 법, 은행계좌가 필요한 이유를 오는 사람마다 일일이 정성을 다해서 설명해 주었다. "우리 조흥은행은 정부에서 지정은행으로 택하였고, 돈을 붙이시든 안 붙이시든 상관없이 모두 수수료가 없으니 계좌를 개방하는 서류에 안심하시고 사인만 하시면 됩니다."

떠나는 사람들은 모두 정부에서 추진한다니 또 해야만 한다니 그런가 보다 하고 은행에서 내미는 서류에 사인을 했다. 나도 물론 사인을 해주었고 그들은 우리를 김포공항까지 공짜로 모셔다 주었다. 이렇게 1972년 12월에 나는 난생처음 비행기에 고추장을 싣고 김포공항을 떠나 독일로 향했다.

비몽사몽간에 베를린에 도착한 날, 겨울비가 축축이 오다 말다 하였고 나는 회색으로 온통 덮친 도시를 보며 '공산주의 속의 도시라 이리도 침울한가?' 하는 생각을 했다. 머리색이 가을 누런 벼 같은 독일아주머니와 서류와 펜을 든 젊은 한국여자가 우리 일행 사이를 바삐 왔다갔다하면서 우리 가슴에 달린 명찰을 들여다보고 서류를 보며 한 사람씩 체크하고 뽑아내었다. 거의 네다섯 명씩 그룹을 지어 모여섰는데, 나는 미스 리라는 간호사와 둘이서만 한차를 타고 우리를 기다리는 병원으로 갔다. 그곳에는 검은 옷을 입고 검은 수건으로 머리를 감싼 수녀님과 흰 가운을 입고 머리에 흰 캡을 쓴 한국 간호사가 우리를 기다리고 있었다.

빨간 벽돌로 지은 2층 병원은 아담했고, 우리는 다른 한국간호사들과 같이 지붕 밑에 배치된 기숙사로 안내되었다. 긴 복도를 끼고 왼쪽은 한국간호사들이 사는 방이었고, 오른쪽은 수녀님들의 방이었다. 복도 끝에 공동으로 사용하는 부엌과 그 맞은편에는 목욕탕과 화장실이 있었다. 내 방에는 접어서 장롱 속으로 넣었다 뺐다 하는 일인용 침대와 그 위의 벽에는 십자가가 걸려 있었고, 작은 창문

이주여성이 되다

아래에는 책장이, 그리고 문 두 짝 달린 옷장과 방 한가운데 조그마한 둥근 책상과 의자 두 개가 놓여 있었다. 십자수를 놓은 책상보가 덮여 있는 책상 위에는 초 한 자루가 놓여 있었다.

가방을 방으로 옮겨놓고 건너편 건물에 있는 식당으로 안내되어 처음으로 독일 점심을 받아들었다. 삶은 감자에 시금치를 죽같이 간 것과 흰자위만 간신히 익힌 달걀부침이었다. 감자 한 덩이와 푸르딩딩한 죽을 조금 입에 넣었지만 도저히 삼킬 수가 없었다. 이렇게 내 환상의 나라, 독일생활이 시작되었다.

우리는 처음엔 괴테학원에 언어연수만 나갔고 병원근무는 안 했다. 미스 리와 나는 학원이 끝난 오후에는 쿠담 지하철역 안에 놓여 있는 의자에 앉아서 지나가는 독일사람들을 구경했고, 젊은 연인들이 지하철을 기다리며 주위의 시선도 아랑곳없이 입을 맞추는데 놀라 몸둘 바를 몰라 하면서도 슬쩍슬쩍 훔쳐보며 킥킥거렸다. 셋째 주가 지나자 근무를 하면서 학원을 가야 했고 근무하는 병동에서는 사전을 들고 다니며 일을 했다.

그리고 독일에서 받은 첫 월급! 이렇게 큰돈을 받아쥐기는 처음이었다. 나는 한 달 생활비를 빼고는 몽땅 송금을 했다. 물론 조흥은행을 통하여!

집안을 도우고 동생들 공부시켜 줄 수 있다는 자부심에 마냥 가슴이 벅찼다. 몇 푼 남긴 생활비에서 월부로 40cm×40cm 크기의 흑백 구룬딕 텔레비전을 샀다. 무슨 말인지 이해가 안 되었지만 빨리

말을 배우고 듣는 것을 익히기 위하여 두 귀를 쫑긋이 세우고 열심히 보았다. 어느 때는 늦게까지 텔레비전을 보다가 다음날 아침근무 나가려면 온몸을 비비꼬고 일어났지만 그래도 즐겁고 행복한 날들이었다.

이렇게 반복되는 일과 속에서 차츰 익숙해진 병원생활이 1년 지났을 때였다. 금방 다 돌봐드렸는데 또 병실 앞에 신호등이 켜지고 삐삐 호출소리가 계속 울렸다. 그 방에 다녀와서 아침빵 한입 물어 삼키기도 전에 또 다른 방에서 호출신호다. 누가 가서 끄기 전에는 계속 삐삐 소리가 울리는데 나는 무시하고 독일 간호사들처럼 아침을 먹고 있을 수가 없었다. "나 지금 담뱃불 붙였는데 네가 좀 가줄래?" 하는 말이 어느덧 일상화되어 버린 핑계였다.

우리 병동에서는 나와 수간호사 수녀님만 담배를 못 피는 사람이었다. 내가 또 일어나려는데 내 손에 불붙은 담배를 쥐어주며 내 어깨를 누르는 손길이 있었다. "박신 막 담배 피우고 있는 중인데 이번엔 잉그리트 네가 좀 갔다 와줄래?" 하고 부 수간호사 빌레가 독일동료를 내보냈다. 얼마나 고마웠던지! 잠시나마 쉴 수 있는 핑계로 장난삼아 들었던 담배를 한 모금 빨아보고 눈물이 찔끔 나게 기침을 하다가 나는 언제부터인가 '담배꾼'이 되어버렸다.

그해 여름, 병원에서 일하는 직원들이 함께 야외로 소풍가는 날이었다. 목적지는 반제 수영장이었다. 미스 리는 며칠 전부터 수

이주여성이 되다

영복도 샀고 큰 핑크색 가방도 새로 준비하고, 마음이 들떠 어린아이 모양 좋아하며 소풍을 갔다. 나한테도 같이 가자고 졸랐지만 수영도 할 줄 몰랐고 물에는 별로 흥미가 없어 자진근무를 맡았다. 오후에 근무가 끝나고 막 병실을 나오려는데 한국사람들 중에서 제일 나이 많은 김언니가 허둥지둥 나를 붙잡았다. "정자야! 미스 리가… 물에 빠져죽었단다."

나는 한참이나 언니를 쳐다보고만 서 있었다.

그리고 며칠 후 밤근무를 시작했을 때이다. 위급 내과병동이었고 환자들이 긴급 심장병으로 의식불명이거나 암으로 생사를 헤매는 중환자들로 우리에게는 그리 잔일을 시키는 환자들이 없었고 밤에는 틈틈이 책상에 엎드려 잘 수도 있었다. 또 일주일 밤근무를 하면 연휴 사흘을 받을 수 있다는 즐거움에 힘든지도 모르고 견디어내던 때였다. 그러나 줄곧 죽은 미스 리 생각이 머리에서 떠나지 않았고, 병실에서 삑~하는 벨이 울리면 "아이구! 엄마야!" 하며 자지러지게 놀라고 괜히 겁에 질려 오금을 못 폈다.

칠일째 몇 시간만 견디면 아침당번이 나와 교대할 시간인데 할머니 한 분이 돌아가셨다. 내가 밤당번을 하면서 처음으로 혼자 당하는 일이었다. 당번 의사선생님한테 전화를 하고 아무리 기다려도 나타나지 않았다. 어찌나 무섭던지 후들거리는 다리를 끌고 환자가 누워 있는 방으로 가서 문을 활짝 열어놓고, 방안에 있는 불이란 불은 모두 켜놓고 돌아가신 분을 돌보기 시작했다. 내 그림자에 스스로 놀라 '엄마!'를 속으로 몇 번씩 부르며 무슨 일을 먼저 해야 할지 동동 거리다가 이를 악물고 시신을 씻기기 시작했다. 깨끗한 잠옷으로 갈 아입혀 드리고 턱도 감아드렸다. 두 손을 가슴 위에 얹어드리고… 의 사가 왔을 때는 거의 일이 끝났고 있었다.

"박 간호사! 그리 정이 많으면 일하기 더 힘들어 못 견디는 법 이오. 이 할머니 연세도 많고 병도 오랫동안 치르셨는데 잘 가셨지 뭐 가 안쓰럽다고 그리 웁니까?!" 하고 나이 많은 병동의사가 사인(死因) 을 적으며 지나가는 말로 내게 던졌다. 나는 아무 말도 없이 수건, 잠 옷 등을 부지런히 들고 슬그머니 그 방을 나왔다. 그때까지 내가 울고 있었다는 사실도 나 자신은 못 느꼈었고 실은 조금도 슬프지 않았었 다. 다만 너무너무 떨렸을 뿐이었다.

아침당번이 출근을 했고 나는 밤근무 상황을 인계하고 있 는데 우리 병동 프란체스카 수간호사이 중년부인 두 분이랑 간호실 로 늘어오시며 "박 산호사! 이 두 분 모시고 시체실에 디녀오세요"라 고 했다. 무서워 못 가겠다는 말도 못하고 그분들 앞장서서 시체실로 향했다. 시체실은 건물 옆에 붉은 벽돌로 지은 단층집이었다. 커다란 문을 옆으로 밀고 들어가면 넓은 강당 같았고, 냉동시설이 항상 써늘 하게 윙윙 소리를 내며 돌고 있었다.

오른쪽 왼쪽으로 나란히 시체머리가 벽 쪽을 향하고 흰 시 트로 덮인 침대들이 죽 놓여 있었다. 시체를 찾으려면 발끝 시트를 올

이주여성이 되다

려 죽은 사람의 다리에 붙여놓은 이름을 읽어야 했다. 같이 온 따님들이 내 뒤를 따르기에 다행이었지만 시트를 열어젖힐 때마다 마음속으로 '엄마'를 부르며 머리끝이 아프도록 쭈뼛하고 무서웠다. 나는 겁이 나서 눈물을 훔치며 돌아서는데, 이들한테는 또 다른 의미로 전달이 되었던가 보았다. "너무 슬퍼하지 말고 힘내라"며 한 딸이 가운 주머니에 팁을 넣어주고 내 어깨를 다독다독하고는 갔다.

나는 기숙사에 올라가자마자 목욕탕에 들어가 수십 번이나 비누질을 하고 솔로 빡빡 손을 닦고 또 닦으며 한 껍질을 벗기었지만 그래도 내 손에서는 시체냄새가 났고 속이 뒤집혀 아무것도 먹지 못했다. 그러나 언제부터인가는 시체를 씻기고 나서도 손 한번 헹구고 빵을 들고 먹을 수 있었으며, 웃으며 잡담도 할 수 있었고 시체들과도 익숙해졌다.

독일생활이 점점 익숙해지면서 나도 다른 한국간호사들과 어울려 외출을 나갔다. 수녀님들은 수위아저씨한테 우리들의 외출시간과 병원으로 들어온 시각을 모두 체크하도록 했고 그 꾸중과 간섭은 더욱 심해졌다. 영화라도 보러 가는 날은 영화가 끝나자마자 늦었다고 뛰다시피 병원으로 돌아와 위층 기숙사문을 열기 전에 신발을 벗고 발끝으로만 살살 걸어 숨도 죽이고 각자 제 방으로 소리 없이 사라졌건만, 어쩜 수녀님들은 수위아저씨가 보고하기도 전에 다 알고 계신지! 그럴수록 우리들의 불만과 반항도 늘어났고 병원생활이 피곤해지고 싫증이 났다.

우리 한국간호사 가족들 중에는 임기가 끝났다고 귀국하는 사람도 있었고, 독일사람과 결혼한다고 기숙사에서 나가 생활하는 간호사, 또 서독에서 결혼상대자를 찾으러 베를린으로 온 한국사람과 '연애'하는 간호사도 있었다. 나는 집에 가고 싶었지만 큰동생이 대학을 졸업하고 집안을 도울 수 있을 때까지는 참자고 스스로를 달랬었다. 그러나 참을수록 더 가고 싶어지는 집생각, 엄마생각에 긴 겨울 내내 향수병에 시달렸다.

독일에 온 지 3년이 되어가는 봄이었다. 병원 사무실에 찾아가서 "귀국하고 싶은데 어떤 절차를 밟아야 하냐?"고 물으니 그 사무원은 내 서류를 찾아 펴보면서 "당신은 3년 근무계약서에 사인을 했고 이 계약서에 의하면 기한이 끝날 때까지는 아무데도 못가요" 한다. 너무도 어처구니가 없었다. 누구한테 꽝~ 뒤통수를 얻어맞은 느낌이었고 꼭 팔려온 느낌까지 들었다. 이불을 뒤집어쓰고 밤새 악몽에 시달리다 아침에는 그래도 근무를 나갔다. 부 수간호사 마리아는 나를 보더니 간호사 휴게소로 끌고 갔다.

"박 간호사! 왜 어디 아프니? 눈이 퉁퉁 붓고 얼굴은 핼쑥한 게 다 죽어가는 꼴이네!"

"너 알고 있니?! 나 노예로 팔려온 것!"

나는 전날 '당한' 일에서부터 지금까지 혼자 고민하던 문제

이주여성이 되다

들, 어리고 예민한 감정에 상처받은 마음을 내내 훌쩍거리며 고스란히 털어놓았다.

"어머, 그럴 수가! 어떤 가능성이 있는지 나도 알아볼 터이니, 너는 우선 집에 가서 쉬어라!"

그날 밤 나는 아래 병동으로 옮기어져 간호를 받을 만큼 몹시 아팠다. 결국 우리 병원에서는 내 사정을 알게 되었고, 지금까지 아무도 몰랐고 관심도 없던 한국간호사들의 계약조건을 놓고 우리 병원직원들 사이에 '대화'가 오고갔다. 마침 마리아 간호사 동생이 변호사였는데, 그때부터 그 동생은 나의 일을 전적으로 맡아 도와주었고 우리는 마리아 집에서 만나 서류를 검사하고 계획을 짜며 관계기관 이곳저곳으로 뛰어다녔다.

베를린에서 나와 비슷한 처지에 있는 사람들이 관청에 항의서를 내고 있다는 사실도 이때 알게 되었고, 나는 우리 병원 한국간호사들을 찾아다니며 우리도 독일간호사들과 똑같은 고용계약서를 받아내기 위해 함께 서명하고 관청에 항의서를 제출하자는 부탁을 했다.

"그러다가 일이 잘 안 되면 어떻게 하려고?" 당시 우리 병원에는 모두 여섯 명의 한국간호사가 일하고 있었지만, 혹시라도 피해가 올까 주춤하는 반응이었다.

오히려 독일동료들의 반응이 상상 외로 좋았고 서명도 선뜻해주었다. 우리 병동에서는 독일동료들이 나서서 병동에 누워 있는 환자들한테 서명을 받아냈고 가족들과 친척 또는 이웃에게까지 서명을 받아왔다. 마리아의 동생은 그가 속해 있는 변호사단체에서 나의 일을 여론화하고 좋은 호응을 받아내어 그 힘을 베를린시청에 간접적으로 미치게도 했다. 그러나 '세월아 네월아 가거라' 하는 식으로 반년이 지나도록 "우리는 아직 그 점에 대하여 검토하고 해결책을 위하여 노력하고 있다"는 대답만 반복하고 있었다.

그러던 어느 날! "베를린시청은 당신의 항의서를 수락하고 계약조건을 개정하므로, 오늘부터 자유로이 일자리를 옮길 수 있으며, 독일간호사들과 똑같은 조건의 고용계약서를 받을 수 있는 권리가 있습니다"라는 내용의 편지를 받아들었다. 이제는 거의 끝나가는 고용계약이었지만 한시도 지체 없이 사표를 냈다. 훨훨 나는 몸으로 나는 비행기에 비누덩어리와 커피, 초콜릿을 싣고 김포공항으로 다시 돌아왔다.

이주여성이 되다

편안한 의자

박-라이니히 정숙

"승객 여러분, 안녕하십니까. 지금 인천국제공항을 출발하여 프랑크푸르트로 가는 이 비행기와 함께 편안하고 안전한 여행 되시기를 바랍니다." 창문 밖으로 내려다보이는 서해안의 조그만 섬들을 뒤로하고 막 비행기는 하늘을 향해 치솟았다.

그러니까 벌써 40년 전, 지나간 옛이야기가 생각난다. 지금처럼 비행기를 타고 독일이라는 전혀 모르는 미지의 나라로 향하고 있었다. 모든 것이 영화의 스크린처럼 떠오르기 시작한다. 당시 나는 만스무 살이 넉 달 남은 새파란 젊은이였다. 독일말 한마디 못하는 벙어리에 알아듣지도 못하는 귀머거리였다. 그래도 용기 하나만은, 아니 단지 호기심이라도 있었기에.

몇 주간 해외개발공사에서 독일어 수업을 들었지만 그나마 기억에 남은 것이라곤 반공정신 수업뿐이었다. 당시 비행기 안은 한국의 딸들로 꽉 차 있었다. 간호사 직업을 가진 여성들로 그중에는 아기엄마도 많았다. 어린 자식들을 부모님께 맡기고 떠나는 심정은 어떠했을까. 외국땅에 가 돈 많이 벌어서 고향에 있는 형제들이며 식구들 공부시키고 돕는다는 이유가 대부분이었지만, 나처럼 돈도 벌고 여행도 하자는 다른 목적으로 한국을 떠난 사람들도 있었다.

친구들이 하나둘씩 독일로 떠나기 시작하자 조바심이 난 나는 무작정 결정을 내렸다. 하지만 3년 계약기간 후 다시 한국으로 돌아와 보통여자들처럼 좋은 남자 만나 시집가서 자식 두고 평범한 주부로 사는 것 그 이상을 상상하지는 못했다. 그 당시 분위기로는 너무도 당연하고 정상적인 사고방식이었다. 그랬던 내가 이 낯선 외국땅에서, 그것도 외국사람과 결혼해 가족을 이루고 야간고등학교를 거쳐 꿈에도 상상 못했던 대학을 나와 박사학위까지 취득하게 될 줄이야. 당시의 나에게 대학이란 이룰 수 없는 환상 내지는 다음 생에서 부잣집에 태어났어야 가능했을 꿈이었다. 그때는 내가 독일에서, 한국에서 삶의 두 배가 넘는 시간을 보내게 될 줄은 상상도 못했던 것이다.

1970년 3월 18일, 그때는 독일에도 개나리가 피는지 몰랐고 아예 꽃이 필 수 있는 나라라는 생각도 못할 만큼 독일에 대해 너무 모르고 있었다. 이제 꼭 40년. 내 삶의 2/3는 독일땅, 독일의 집에서 서

이주여성이 되다

류상 국적도 독일인이 되어, 독일의 공기를 마시고 물을 먹고 독일친구들과 함께 독일어로 떠들며 놀고, 코 큰 독일인 남자와 결혼해 코가 반만 큰 아이를 낳고 살고 있지만 그래도 나는 알고 있다. 나의 모습은 결코 변하지 않는다는 것을. 갑자기 납작코가 커지고 까만 머리가 노란 머리로 변하지는 않는다.

난 영락없는 한국여자이다. 가끔 거울 속 나를 들여다보면 작달만한 키에 예쁘지도 않은 프라이팬 같은 얼굴형, 그것도 한복판에 떡가래를 짧게 끊어 눌러붙인 것같이 못생긴 납작코가 보인다. 납작한 코 때문에 사춘기 때 엄마를 얼마나 못살게 괴롭혔던가. 엄마는 나를 왜 이렇게 못생긴 얼굴에 보기 흉한 코로 낳아서 나 자신을 이다지도 미워하게 하는 벌을 주느냐고 원망을 많이 했다. 그럴 때면 엄마는 언제나 이렇게 말했다. "너도 언젠가 엄마가 되어서 딸 낳아봐라. 그게 어디 다 네 맘대로 되는가 봐라."

어제 독일로 출발하기 전날, 나를 공항에 데리러 오겠다는 사랑하는 딸과 통화를 했다. 딸의 이름은 야나 리자 강산. 그래서인지 이름대로 예쁘고 친절한 여성이 되어, 나를 흠 하나 없는 행복하고 만족한 엄마로 만들어주었다. 딸이 아기 때 내가 항상 "달달 무슨 달 쟁반같이 둥근 달 어디어디 떴나 남산 위에 떴지" 하는 한국노래를 불러주었더니 딸은 다 큰 어른이 되어서도 이 노래를 좋아하며 부른다.

아, 비행기가 휘청하면서 거의 동시에 기내에 빨간불 신호가

켜진다. 다들 제자리에 돌아가서 안전벨트를 맨다. 바람이 강하게 부는가 보다. 혹시 이러다가 귀여운 딸 얼굴 한번 더 못 보고 죽는 건 아닌가 싶어 괜시리 겁이 난다. 약간의 불안감을 떨쳐버리려고 억지로 생각을 다시 옛날로 돌려본다.

그래도 일년에 한두 번은 독일과 한국을 왔다갔다하게 되었다. 엄마가 아직 살아 계실 때 될 수 있는 대로 자주 뵙고 지내야지, 내 몸이 아직 움직일 수 있고 긴 여행을 할 수만 있으면 해야지 하는 마음에서다. 옛날엔 비행기 값도 비쌌지만 타는 시간도 배로 길었다. 그래서 5~6년 동안은 가보지도 못했고 그리고 아버지가 결핵으로 오랫동안 투병하시다 돌아가셨을 때도 장례식에 갈 엄두도 못 내었다.

아버지가 돌아가시고 나서 나는 가장 역할을 해야 했다. 내 밑으로 어린 동생들 네 명의 등록금과 생활비를 대야 했으니 말이다. 오늘날 같으면 결핵으로 죽는 사람이야 없겠지만, 당시 내가 보내는 돈으로 겨우 식구들이 굶지 않고 동생들 등록금을 내면 아버지 치료비와 병원비를 댈 수가 없었다. 가끔 내가 힘들게 구해서 보내드리는 약마저 중간에서 다 빼먹어 빈 병만 도착했었다고 한다. 이것이 그 당시 한국의 실정이었다. 쉰셋이라는 너무 젊은 나이에 돌아가신 우리 아버지. 평생 좋은 날 한번 경험 못하시고 효도할 기회조차 주시지 않은 우리 아빠. 늘 말씀이 없으셨지만 자식들하고 초롱불 밑에서 만화 보는 것을 좋아하셔서 엄마의 잔소리를 많이 듣고 사셔야 했었지만, 그래도 위로 딸들이어서 그런지 아빠 우리랑 같이 막걸리 술잔을

이주여성이 되다

주고받으며 술친구가 되어주시기도 했다. 그리고 긴 여름방학 동안 놀기만 하다가 개학하기 이틀 전쯤 숙제를 한꺼번에 하려고 하면, 엄마처럼 꾸중과 잔소리도 없이 아빠는 묵묵히 그림도 그려주고 도와주셨다.

일찌감치 식구들과 떨어져 살았기 때문에 아빠랑 많은 시간을 못 보냈지만 나는 안다. 내가 독일로 3년간 갔다 온다고 결정했을 때 아빠는 찬성하고 마음으로 도와주셨다. 평생 말씀이 없으신 분이 떠나기 전날 둘이만 있을 때 조용하게 나에게 말씀하셨다. "너만이라도 이 어지러운 나라, 부정부패가 심하고 부조리한 이 사회를 떠날 수 있으니 아빠는 기쁘단다."

지금까지도 나는 그때 아빠의 말씀을 잊지 않고 있다. 당시 우리 아빠 기회가 되었다면 정말 나를 따라 유럽으로 오셨을 것이다. 그전에도 아버지는 세상 돌아가는 꼴이 보기 싫어서 근 3년 동안이나 낚시터에서 소일했다. 그때부터 우리 생활은 더욱더 빈곤해져서 우리 식구에게는 일년 365일이 보릿고개였다. 김천시청 건설과에서 측량기사로 과장까지 지냈지만, 아버지는 월급봉투를 받으면 거의 다 친구들과 직원들의 술값으로 내시고 없는 사람에게까지 나누어주다 보니 우리 생활은 궁핍하고 가난에 찌들었다. 심할 때는 우리 식구 몽땅 죽자고 하실 때도 있었다. 초등학생이었던 나는 그 말이 제일 싫고 무서웠다. 어린 마음에도 살고 싶었던지 며칠간 굶는 것은 괜찮았다. 다만 우리 식구가 모두 죽지만 않는다면 모든 것을 이겨내고 참을 수 있을 것 같았다. 나는 피난 가다가 세상에 태어났다고 해서 별명이 피란이었다. 그때만 해도 동네사람들이 다들 가난했기 때문에 며칠씩 굶는 것이 보통이어서 별로 힘들지 않았다.

아버지가 너무 결백해서 우리가 고생을 해야 했던 것 같다. 내 기억으로, 아빠는 좋은 측량설계기사로서 정직하게 일을 맡아서 했기 때문에 가난할 수밖에 없었다. 공사에 입찰해야 돈을 벌 수 있는데 아버지는 견적서에 너무 고지식하게 필요한 재료와 가격을 적으니 그쪽의 타산에 맞지 않아 공사를 따오질 못했다. 예를 들어 다리를 짓는데 시멘트를 다른 사람들보다 많이 넣어 돈을 많이 남기지 못하는 식이었다. 다들 우리 아빠 같았으면 지금 한국에서 한강다리와 백화점이 무너져 많은 인명피해를 입는 일 같은 것은 일어나지 않았을 거라고, 나는 자신 있게 말할 수 있다. 나도 조금은 우리 아빠를 생각하면서 절대로 돈 벌기 위해 환자들에게 나의 의사직업을 악용하지 않는다. 그럴 필요가 없는데도 환자늘의 지아틀 살거나 쓸네없는 과잉치료를 하지 않는다.

내가 어릴 적, 엄마는 치아가 아주 안 좋아서 자주 치통을 앓았는데도 치료비가 없어서 한번도 치과에 가지 못했다. 치통이 있을 때마다 수건을 턱에서 머리까지 동여매고 온 방을 뱅뱅 돌면서 참아내는 모습을 또렷이 기억하기에, 그래서 나는 치과의사가 되었는지도 모른다.

비행기 탄 시간이 얼마 안 된 듯한데 점심식사 시간이다. 쇠고기, 불고기, 생선이 메뉴라며 무엇을 먹겠느냐고 묻는다. 정말 근사한 메뉴. 그 옛날 처음 독일로 가던 비행기 속 나와 지금의 나를 또 비교하게 된다.

지금껏 김치와 된장으로 커온 나에게 서양음식은 냄새도 이상하고, 중학교 영어책에서 처음 대했던 나이프와 포크가 왠지 눈에 거슬리고 겁이 벌떡 났다. 어떻게 하면 저 기구로 먹을 수 있을까 해서. 치즈와 빵. 중학교 때 열심히 단어를 외우던 기억이 났다. 희귀한 음식, 이상하고 지독한 냄새. 어떡하면 저런 것을 먹고 살 수 있을까 싶었지만, 당장 배가 고파서 옆사람들이 하는 모습을 따라 흉내라도 내보려 했지만 다들 나와 다를 바 없는 한국여성들이었다. 마지못해 칼은 사용할 엄두도 못 내고 농기구 비슷한 포크로 찍어서 어떻게 먹었는지도 모른다. 그것도 엄마가 손수 만들어주신 볶음고추장을 먹어야 겨우 목구멍으로 삼킬 수 있었다. 그때는 혹시 들키면 큰일 나는 줄 알고 스튜어디스가 안 보는 틈을 타 손가방 안에 넣어놓은 볶음고추장을 살며시 떠먹곤 했다.

아, 요새는 비행기에 한국 볶음고추장이 곁들여 나오니 그 옛날 생각에 나도 모르게 빙긋이 웃는다.

세월이 흐른 만큼 나의 생활습관과 습성도 많이 변해서, 요새는 뭐든지 즐겁게 먹고 음미한다. 우리 엄마가 처음에 보고 꼭 개똥같이 생겼다고 한 독일빵으로 주로 나는 아침식사를 한다. 난 많은 것을 배우고 여러 나라 음식도 즐긴다. 예를 들어 아침은 커피에 빵 한 조각, 점심은 밥과 김치 그리고 저녁식사는 가족과 함께 이탈리아식 혹은 스페인 아니 그리스식이라도 좋다. 프랑크푸르트에는 많은 나라 사람들이 모여살기 때문에 자연히 여러 나라 식당들이 있다.

그러나 아직도 엄마는, 한국사람은 된장을 먹어야 건강하다고 성화하시며 내가 한국을 떠나올 때면 직접 만드신 무말랭이, 깻잎, 멸치볶음, 된장을 바리바리 싸신다. 떠나기 전날에는 가방무게를 달아보고 조금씩 빼고 줄이는 모습을 보고 엄마는 세관사람들과 비행사를 욕하신다. 당신 딸이 독일에서 건강하고 좋은 한국음식 마음껏 못 먹는 것이 다 그 사람들의 탓인 양.

엄마는 내가 한국 갈 때마다 서울로 올라오신다. 한국에 도착하자마자 제일 먼저 내 입에 들어오는 것은 엄마가 손수 만들어 공항까지 가지고 나오신 쑥떡이다. 내가 언젠가 쑥떡을 세일 좋아한다고 말한 뒤로는, 봄에 시골에서 뜯은 싱싱한 쑥으로 콩고물을 묻혀 만들어주신다.

그간 엄마는 독일에 서너 번 다녀가셨다. 내가 해드린 틀니가 부러졌을 때도 오셨다. 엄마는 독일의 넓은 들판을 보시고 "얘야, 어쩜 이 들판이 태평양같이 넓고나", 아름다운 독일도시들을 지나갈 때면 "아이구 이 아름다움을 몽땅 큰 보자기에 싸서 한국 가서 펴서

이주여성이 되다

보이고 싶다" 하시며 혼자서만 보기 너무 아까우니 다른 사람들과도 나누고 싶어하셨다. 먹을 것 하나라도 당신보다 자식, 가족, 이웃에게 먼저 주고 보시는 엄마이다. 불과 몇 시간 전에도 엄마는 내 얼굴을 조금이라도 더 보려고 앞을 가린 창문에 쪼그리고 앉아 코가 거의 땅에 닿을 정도로 엎드려서 좁은 틈사이로 내가 몸조사 끝나고 여권조사 받을 때까지 지켜보고 계셨다. 허리가 많이 불편하신데도. 앞으로 엄마의 얼굴을 몇 번이나 더 뵈올 수 있을까.

지금 내가 타고 있는 비행기는 1만 미터 상공에 있다. 밑에는 바다. 열심히 쓰던 것을 멈추고, 다른 사람들은 이 긴 비행시간을 어떻게 보내는지 궁금해 주위를 한번 둘러본다. 그때 영화화면이 눈에 들어온다. 젊은 남녀가 거의 벌거벗은 채로 누워서 입맞춤을 하고 있는 장면이다. 요새는 한국에서도 기차역이나 길거리에서 젊은 쌍들이 팔짱끼고 자연스럽게 다니는 모습이나 영화장면에서처럼 애무하는 모습을 볼 수 있는데, 그럴 때면 부럽고 약간 질투랄까 하는 감정이 솟아오르는 나를 발견하고 나 자신이 놀란다. 아마 내가 한국에 살 때는 그러지 못했기 때문이리라. 모든 것이 허락 안 되던 시절, 윤리도덕이 어떻고 처녀성이 저렇고 하던 시절, 성교육이란 단어도 없는 나라에서 스무 살 다 큰 처녀가 되어 독일땅에 와보니 웬걸, 사람들이 길거리에서 자연스럽게 키스를 했다. 그 모습을 보고 오히려 내가 부끄러워 쥐구멍이라도 있으면 숨었을 거고 얼굴이 빨개져서 고개를 돌렸다.

그러나 지나간 시절 젊음을 만끽하고 즐기지 못했지만 아쉬움은 그다지 크지 않다. 나는 많은 한국여자들처럼 부엌데기가 안 된 것을 천만다행이라고 느낀다. 한국여성들은 자기 이름이 없다. 누구 엄마, 누구 부인 그리고 아이가 공부 잘하여 교육 잘 시킨 아이엄마로서 사회에서 인정받는 것으로 그 엄마의 대가는 나타난다. 그렇지 않으면 엄마로서 주부로서의 역할을 못한 것으로 치부된다. 엄마들의 책임감은 얼마나 무겁고 또 얼마나 많은 스트레스를 받을까? 옛날 학교친구들도 그렇게 똑같이 독일에서 살고 있으니까.

난 지금의 내 여유로운 생활에 만족한다. 조그마한 병원이지만 내가 직접 쌓아올렸고, 남편 돈에 매달릴 필요 없이 내가 벌어서 내 마음대로 조카 학비도 대어주고 엄마 잡비도 넉넉히 줄 수 있고 하고 싶을 때는 보시도 할 수 있으니. 엄마하고 통화할 때면 "아이고 내가 피난 가서 너를 낳아서 강변 모래밭에 안 묻은 것이 지금 얼마나 다행인지 모르겠다"고 말씀하시곤 한다.

우리 부모님은 이럴 여유가 없었다. 우선 6남매 학비 주기도 빠듯해서 굶어야 했다. 내가 만 열한 살 때 우리는 김천에서 안동으로 이사를 했다. 실직자인 아버지에게 안동에 좋은 자리가 났다는 반가운 소식을 듣고 우리 식구는 큰 희망을 안고 이사를 했지만, 우리는 사글세 단칸방에서 여덟 식구가 살아야 했고 너무 궁핍해서 굶기가 일쑤였다. 안동에서의 생활은 말이 아니었다. 그렇게 3년을 지내며

이주여성이 되다

아버지의 희망, 우리 식구의 희망은 물거품이었다는 것을 깨닫고, 부모님들은 굶어도 고향이 나을 것 같다며 다시 돌아가기로 결정을 내렸다. 세 살 위인 고등학생 언니와 중학생이던 나는 안동에서 졸업을 하기로 계획하고, 둘만 조그마한 자취방을 구해서 머물고 나머지 식구들은 김천으로 떠났다.

그래도 우리는 우리대로 생활비를 벌어야 했는데 당시 한국에서는 우리가 할 수 있는 일이 별로 없었는지 아님 몰라서였는지, 언니는 겨우 신문배달을 시작해서 돈을 벌었다. 언니는 그림을 아주 잘 그렸는데 미술선생님 덕에 다른 학생에게 그림 그리는 것을 가르쳐서 돈을 벌게 되어, 신문배달은 내가 받아서 했다. 나는 깜깜할 때 일어나야 하는 것이 너무 싫었다. 열네 살 다른 소녀들처럼 따뜻한 요에 누워서 달콤한 꿈을 꾸고 싶을 때 나는 새벽같이 일어나 집집마다 신문배달을 했다. 비가 오는 날은 신문이 젖으면 안 되니까 편지통이 없는 집은 기다렸다가 직접 전해 주어야 했다.

고생을 지독하게 할 수밖에 없었지만, 학교에 다닐 수 있는 것만으로도 얼마나 좋은지 몰랐다. 자취생활이라 내가 연탄불을 갈고 지켜야 했는데 어쩌다 그것도 몹시 추운 날 연탄불이 꺼지면 방안에 놓았던 물까지 꽁꽁 얼었으니 세수랑 밥 짓는 것이 말도 아니었다. 지금 생각하면 끔찍하다.

어린 내가 앞으로의 진학을 생각해 봐도 앞이 캄캄했다. 어

떻게든 고등학교를 가고 싶었지만, 우리 부모님 입장에서 보면 언니
는 사범대학을 가고 나는 고등학교, 세 살 아래 동생은 중학교, 그러
니까 한꺼번에 큰돈이 필요했다. 세 명의 상급학교 진학을 감당하기
란 불가능하다는 것을 어린 중학생인 나도 판단할 수 있었다.

그즈음 경상북도 시군에서 장학생을 한 명씩 뽑아서 김천
의 간호고등학교에 진학할 기회를 준다는 소식이 귀에 들어왔다. 졸
업하면 시군의 보건소에서 간호사로 3년간 근무를 해야 하는 조건이
었다. 그렇게 나는 간호학교에 입학했다. 주말과 명절날이면 으레 친
구들은 집으로 갔다. 나는 겨우 산등성이 하나 너머에 우리 가족들
이 살고 있었지만 가난에 쪼들려 나에게 잡비 한번 못 주는 엄마 가
슴만 아프게 할 것 같아서, 세끼를 무상으로 먹을 수 있는 기숙사에
머물면서 잠시나마 불공평한 속세를 벗어나고 싶어서 직지사 절을
찾곤 했다. 3년이란 학교생활이 그리 어렵지도 않고 쉽지도 않았지만,
졸업을 하고 국가고시에 합격하여 간호사 자격증을 따고 약속한 3년
의 임기를 안농보건소에서 보냈나.

겨우 간호학교를 졸업한 19세 처녀가 남자하고 한번도 자보
지도 않고, 가족계획 지도원 배지를 달고 무조건 피임약과 콘돔을 집
집마다 다니면서 나누어주어야 하고, 짓궂은 남자들로부터 콘돔을
어떻게 사용하는지 가르쳐달라는 희롱도 많이 받고 보니, 어떻게 이
지루하고 재미없는 직업을 3년이나 참을 수가 있을까 하는 생각이 수

이주여성이 되다

시로 들었다. 그러던 참에, 3년 계약으로 무작정 독일행 비행기를 탔다. 세상물정을 몰라서, 아니면 너무 돈에 대해서 성숙해서였을까? 한국의 딸로서 집안을 돕기 위해서 독일로 온 것이다. 혹은 호기심과 미지의 세계가 나를 20㎏ 가방을 싸들고 가게 했고, 그것도 별로 가지고 갈 게 없어서였는지 우선 며칠이라도 외국땅에서 굶어죽지 않고 살겠다고 비상용으로 라면 몇 개를 넣어갔다.

그래, 내가 떠난 달이 3월이고 보니 3자가 내 인생에 자주 등장하는가 보다. 간호학교 3년을 마치고 3년의 보건소 의무근무를 약속해 놓고 10개월 만에, 역시 3년 계약으로 독일로 가는 바람에 3년 동안 받았던 장학금을 안동시에 돌려주었다. 독일 튜빙겐대학병원에서는 3년간의 고용계약과 함께 비행기표를 보내주었지만, 나는 여기서도 3년을 채우지 못하고 16개월 만에 프랑크푸르트로 가게 되어서 비행기삯을 거의 다 물어주어야 했다. 먼 독일까지 와서 낭만적이고 무척 아름답지만 아주 작은 도시에 파묻혀 있기보다 더 큰 도시에서 직접 보고 경험하고 싶어서 또 가방을 쌌던 것이다.

남동생이 일부러 전문대학을 나와 돈을 벌기 시작해서 집안의 경제적인 책임을 지면서 "누나도 나이가 있으니 이젠 결혼하라"고 했지만, 나에겐 다른 꿈이 있었다. 그때 수술실 전문간호사로 근무하면서 야간고등학교에 들어가서 이곳 아비투어, 즉 고등학교 자격증을 따서 대학으로 진학하기로 마음먹었다. 한국에서는 자식 대학

공부시키기 위해서 집과 논밭을 파는 집이 수두룩했지만, 이곳 독일에 와보니 아, 대학까지 다 공짜였다. 속담에 공짜면 양잿물도 마신다고 하지 않던가. 이 좋은 기회를 놓치고 싶지 않았다. 그리고 운이 좋아서인지 고등학교 졸업과 동시에 대학에 그것도 치과대학에 들어갔다. 이렇게 해서 나는 치과의사가 될 수 있는 길이 열렸다.

이제 5시간만 있으면 프랑크푸르트에 도착한다. 어느덧 반이나 왔으니 얼마나 빨라졌는가. 옛날엔 한국에 가려면 비행기를 24시간 넘게 타야 했고 김포공항에 도착해서도 버스로 서울역까지 가서 김천행 기차를 타야 했는데. 게다가 새벽에 도착하면 통행금지 시간이어서 역에서 손등에 통과허가 도장을 받아야 집에 갈 수 있었다. 전화비가 비싸서 식구들이 역에 마중 나온다는 것은 꿈도 꿀 수 없었기 때문에 나는 큰 가방을 들고 낑낑대며 새벽길을 걸어야 했다.

나는 비행기 타고 있는 이 시간을 즐기는 편이다. 진짜 나만의 시간을 가질 수 있어서이다. 책 한 권 제대로 다 읽을 시간을 내기 힘들 만큼 바쁜 나에게 마음놓고 책 읽을 수 있는 좋은 기회일 뿐 아니라, 지금처럼 조용히 저 옛날 추억의 세계로 날아다닐 수 있으니까.

한 시간쯤 후면 사랑하는 딸과 남편을 만난다 생각하니 기뻐서 가슴이 설렌다. 간혹 이주민들 중에 자신들의 고향이 없어졌다고 말하는 이들이 있는데, 나는 잘 이해가 되지 않는다. 또 자기들은 두 의자, 두 나라 사이에 앉아 있는 기분이 든다, 두 의자 사이에 앉아서 한국도 독일도 고향이 아니라는 말을 자주 들었다. 이렇게 말하는 사람들에겐 좀 미안하지만, 나에게는 고향이 없어진 것이 아니라 하나가 더 생긴 셈이다. 나는 두 의자 사이에 앉아 있는 것이 아니라 두 개가 합쳐져서 아주 크고 편안한 의자에 앉아 있다고 말하고 싶다. 어느 방향으로 날아가든 내가 도착하는 곳은 항상 내 집이고 고향이니까. 나는 독일에 온 것을 절대로 후회하지 않는다. 얼마나 다행인가. 나에게 주어진 기회를 잡았고 그래서 내 시야가 어느 면으로 보나 더 커졌다고 생각하며 만족한다.

이제 비행기가 착륙하려고 하니 짧은 내 추억여행도 끝내야겠다. 나의 삶이 다른 사람들이 생각하고 원한 대로 흘러가지 않았지만, 생각해 보면 그보다 훨씬 좋게 지나왔다. 머릿속의 기억은 흐름을 멈추려 하지 않지만, 내가 이 비행기에서 내리는 것은 몇 달 후에 다시 이 비행기를 타기 위해서이지 않은가. 다행히 이 여행은 끝이 없을 테니까.

분단의 흔적

김-모리스 순임

연평도 일대가 북한에서 떨어뜨린 포탄으로 풍비박산된 후 나라 안 팎의 매스컴이 요란하던 며칠 동안 "무슨 게임을 또 하는 거야?" 하면서 나는 냉정하고 싶었다. 그러나 날마다 인터넷에 들어가 이런저런 논평과 분석들을 읽고 있는 나를 어쩔 수가 없었다. 그러던 최근 어느 날 한 지인이 "코레아협의회는 북한에서 돈을 받아서 활동한다지요?" 한다. "뭐요? 아직도 그런 말하는 사람이 있어요?" 너무나 황당한 소리를 들었을 때 나오는 조금은 거칠고 격한 나의 반응에 한풀 꺾인 듯 그분이 "대사관직원이…" 하면서 얼버무리는 말이 나를 더욱 놀라게 하였다.

1966년 봄 취업차 독일에 오기 전부터 분단된 조국은 나에게 때로는 절망감을 느끼게 하고 때로는 두려움을 주고 또 때로는 증오심을 일으키게도 했지만, 대한민국은 나의 고향이고 모국이다. 1966년 4월 취직이 되어 들뜬 마음으로 출국을 기다리던 나는 여섯 살 때 돌아가신 외삼촌의 좌익활동 경력이 덫이 되어 여권발급을 못 받게 되었다. 그러나 그런 것쯤은 정보부직원에게 작은 봉투 하나만 전달하면 해결되는 곳이 대한민국이기도 했다. 불가능하다던 여권 을 발급받아 출국하던 나는 조국에 대한 냉소적인 태도와 당시 며칠 동안 경험했던 절망감으로 인한 두려움으로 복잡한 감정을 추스르 기 힘들었다.

프랑크푸르트에서 4년 근무한 후 1970년 서베를린(그때는 독 일이 동서로 분단된 상태였다)으로 직장을 옮기기로 결정한 후 고국의 부모 님께 편지를 드렸다. 부모님은 베를린에 가지 말고 즉시 귀국하라는 전보와 동시에 왜 하필이면 간첩이 득시글거리는 베를린으로 가느냐 고 편지를 보내셨다. 그때는 아직 시골 부모님댁에 전화도 없던 시절 이었다.

1967년에 이른바 '동백림사건'이라는 끔찍한 사건이 있었다. 재독 유학생·학자·예술인·의사 그리고 간호사까지 한국 정보부요 원들이 강제 납치하여 국가보안법 위반혐의로 법정에 세운, 세계를 깜짝 놀라게 한 사건이었다. 그러니 시골 부모님은 서베를린을 간첩 의 소굴처럼 상상하셨을 것이다. 그러나 나는 어떠한 정치적 함정에 도 빠지지 않을 것을 스스로 다짐하면서 서베를린으로 직장을 옮겼다. 새 일터에는 이미 한국간호사들이 많이 있었지만 나는 의식적으로 누구와도 친해지지 않으려고 애썼다.

베를린 생활에 어느 정도 익숙해져 갈 무렵 내 우편함에 북한 선전책자들이 오기 시작했다. 물론 읽어보았다. 그때의 내 식견으로는 어리석은 내용에 유치한 문장들이 기분을 상하게 할 정도였다. 그래서 다음부터는 읽지 않고 쓰레기통에 넣어버리곤 했다. 그러나 인쇄물은 계속 왔고 그러다 보니 겁도 나면서도 의문이 하나둘 생기기 시작했다. "도대체 어떻게 내 이름과 주소를 알아서 보내는가?" "내가 아무런 반응을 하지 않는데 언제까지 보낼 것인가?" 등등. 프랑크푸르트를 떠날 때 어떤 정치적 함정에도 빠지지 않겠다고 스스로에게 했던 다짐을 상기하고는 한국대사관 앞으로 간단한 편지를 썼다. "이러한 인쇄물들을 수신하는 것이 불편하니 가능하다면 제가 이런 우편물을 받지 않도록 선처해 주시기 바랍니다." 정확하지는 않으나 대략 이런 내용의 편지와 함께 북한선전물들을 동봉하여 한국대사관으로 보냈다. 그후 다시는 나에게 북한선전물은 오지 않았다.

1966년 같은 비행기로 독일에 와서 프랑크푸르트의 같은 병원에서 근무하고 또 함께 베를린으로 직장을 옮긴 선배 한 분이 1974년에 첫 고국방문을 하고 왔다. 나는 단숨에 달려가서 이런저런 고국의 이야기를 들으면서 깊은 향수에 젖은 목소리로 "나도 당장이라도 가서 부모형제들을 보고 싶다"고 말했다. 선배는 잠깐 주저하는 눈치

이주여성이 되다

더니 나에게 이상한 이야기를 했다. 한국에 있을 때 어떤 곳에 불려
가서 본인이 독일에서 무슨 일을 하며 어떻게 살고 있는지 그리고 알
고 지내는 사람들의 이름을 모두 쓰라고 하여 그 자리에서 시키는 대
로 써서 주었더니 다 읽어보고는 왜 내 이름은 빠졌냐고 지적을 해서
"아이구, 등잔 밑이 어둡다더니" 하면서 내 이름도 써넣었다고 했다.
나는 지은 죄도 없는데 가슴이 철렁했다. 그후 한동안 그 선배에게서
들은 말이 이유 없이 나를 불안하게 했지만 시간이 지나니 생활 속
에서 불안감도 없어지고 그 선배의 이야기도 잊고 살았다.

　　　그러다가 1976년 9월, 10년 만에 나는 울렁거리는 가슴을 안
고 고국을 방문했다. 늙으신 부모님을 비롯하여 몹시도 그리웠던 것
들을 마음껏 보고 먹고 마시면서 즐거운 시간을 보냈지만, 집 밖으로
만 나가면 아름다운 산과 들에 세워놓은 온갖 반공표어와 버스차창
이며 구멍가게 문에까지 붙은 간첩신고를 부추기는 글들을 읽을 때
마다 몸이 오싹해 오고 감정이 구겨짐을 어쩔 수 없었다. "옆집에 온
손님 이상하면 신고하라"더니, 아니나다를까 시골 부모님집에 있는
동안 하루는 형사가 찾아왔다. 고향을 떠난 사람이 오랜만에 돌아오
면 만나서 몇 가지 질문을 하는 것이 자기의 직무라면서 대화를 시작
하는 그의 태도는 나에게서 무엇이라도 하나는 캐내야겠다는 날카
로움보다는 오히려 미안해하는 인상을 풍겼다. 그래서 나는 출국 전
내 신원조회에 덫이 되었던 외삼촌과 베를린의 선배가 동시에 기억
되었지만 편안한 마음으로 질문에 응할 수 있었다. 하지만 나는 예의

선배처럼 서면이 아닌 구두로 대답했지만 불쾌했다. 평범한 재외동포의 사생활까지 캐고 문서로 남기기까지 하는 대한민국은 이 지구 구석구석 한국사람이 살고 있는 곳이면 반공의 그물을 치고 있다고 판단되었다.

베를린으로 돌아온 후, 어린 두 남동생의 앞날을 위해서 외국에서 살더라도 언행에 조심하라는 부모님의 간절한 말씀을 잊을 수 없었다. 내가 계속 재독한인사회의 어떠한 단체에도 나가지 않고 철저하게 외톨이로 지내고 있었던 것은 정치적인 함정에 빠질 것을 두려워서였기도 했지만 재독한인사회에 대해 나름대로 환멸을 느끼고 있었기 때문이다.

프랑크푸르트에서 베를린으로 직장을 옮겼을 때 병원에서 내어준 숙소는 대부분의 한국간호사들이 살고 있던 기숙사가 아닌 다른 곳이었다. 그곳 역시 병원직원들을 위한 숙소였지만 당시 한국간호사는 나 혼자만 그곳에서 살았다고 기억된다. 몇 달이 지난 뒤 같은 병동에 근무하는 나이 어린 한국간호사가 하는 말이 "언니가 임신 8개월이라고 한국간호사들이 수군댄다"고 했다. 너무나 황당한 헛소문이어서 나는 아무런 대꾸도 하지 않았다. 또 한번은 병원 빨래방에 보낸 내 근무복이 한동안 돌아오지 않아서 바꿔 입을 옷이 없다고 걱정을 했더니, 그 어린 간호사가 "언니 옷이 웬일인지 우리 기숙사에서 걸레로 쓰이고 있어요" 하지 않는가(근무복에는 각자의 이름이

이주여성이 되다

수놓아져 있었다). 나는 '그렇게 사실 무근의 말을 만들어 사람을 모함하고 멀쩡한 남의 근무복을 갖다 걸레로 사용하는 야비한 사람들이 무슨 일은 못하랴' 생각하니 몸이 부르르 떨리고 무서웠다. 고향 까마귀만 보아도 반갑다는 우리 민족정서를 곧잘 내세우는 우리가 이게 무슨 짓인가 싶었고 무엇이 우리를 이렇게 만들고 있나 고민스럽기도 했다. 나는 계속 스스로를 고립시키면서 살았다.

1980년 5월 광주항쟁의 비참하고 처절한 사진들이 독일방송을 통해서 자세하게 보도되었다. 그 소식은 나를 거의 미치게 만들었다. 길거리에 뒹구는 시체들, 줄줄이 묶이어 총칼의 위협을 받으며 어딘가로 끌려가고 있는 고등학생들, 만삭이 된 임신부의 배를 가르고 아이와 임산부를 죽였다는 이야기, 여자대학생의 젖가슴을 군인들이 칼로 도려냈다는 이야기, 전라도 씨는 하나도 남기지 말라 했다는 이야기 등등은 사실일 수도 있고 사실이 아닐 수도 있겠지만, 독일방송을 타는 소식과 사진들을 믿지 않을 수 없었다. 광주에 사는 네 형제자매들과 서울에 사는 두 자매들에게도 전화는 불통이었다.

나는 베를린의 방에 앉아서 TV만 보고 있을 수 없었다. 내 속에 깊이 내재해 있던 공포감이 참기 힘든 분노로 터지고 있었다. 그 분노는 모든 것을 털어버리고 일어서는 힘으로 변했다. 두 동생의 앞날을 위해서 언행을 조심하라던 부모님의 간곡한 말씀은 이제 더 나를 주저하게 하지 않았다.

그러나 오랜 고립된 생활로 나는 혼자였고 혼자서는 어떤 일도 할 수 없었다. 고민 끝에 대학캠퍼스에 가서 한국유학생들에게 말을 걸었다. 지식인들은 그런 조국의 상황에 눈을 감지 않으리라 생각했기 때문이다. 그러나 그것은 나의 큰 오산이었다. 그때 베를린자유대학의 교정에서 내가 말을 걸었던 한국유학생들은 한결같이 모두 한마디도 하지 않고 나를 외면하고 돌아섰다. 그들은 공부를 마치고 귀국하여 한국사회에서 출세를 해야 하는 사람들이었다.

마침내 나는 '재독한국여성모임'을 만나게 되었고 회원이 되어 조직의 의사결정과 사업추진에 능동적으로 참여하고 있다. 여성모임은 끊임없이 변화하고 있는 국제정세는 물론, 우리가 거주하고 있는 독일과 항상 가슴에 안고 사는 대한민국의 정치·경제·사회 발전에 관심을 갖고 공부하면서 이 사회의 일원으로서 그리고 동시에 조국이 민주주의 복지국가로 발전하기를 염원하면서 상황에 따라 비판적 자세로 모임의 입장을 분명히 밝혀오고 있다.

이러한 여성모임 회원들을 교포사회에서는 빨갱이들이라 불렀고 여성모임과 접촉하는 것을 두려워하는 교포들도 있다. 어느 날 나는 길에서 동문의 선배 한 분을 만나 인사를 나누던 중에 그분이 "여성모임은 북한에서 자금을 받아 활동한다더라" 하기에 "그래요? 그런 말 하는 사람이 누군지 정확히 알았으면 해요. 그래야 명예훼손죄로 고소라도 할 수 있지요. 저도 그 단체의 회원이거든요" 했

이주여성이 되다

다. 그랬더니 그 선배는 눈이 둥그레지면서 아무 말도 하지 않았다.

어느 해 베를린 한인회장에 선출된 분은 태권도사범으로 회장선거에 출마하면서 선거공약 중 하나로 자신이 운영하는 도장을 한인사회 예술단체들에게 연습장으로 대여하겠다고 했다. 선거당선 후 공약은 실천에 옮겨졌고 여성모임의 사물놀이패 '들풀'도 그곳에서 연습하게 되었다. 그런데 이주일 후 들리는 소리! 그곳을 연습장으로 사용하는 한 무용단이 영사관에 여성모임(빨갱이)이 연습하는 장소에서 자기들이 연습해도 괜찮겠냐고 문의했으며, 다른 무용단 단원에게는 한 영사가 당신들은 왜 빨갱이들과 한 장소에서 연습하느냐고 했다는 것이다.

1992년 베를린 한글학교에서 교장직을 맡을 사람을 찾고 있을 때 동포 한 분이 자기가 하겠다고 나섰다. 그런데 그분이 친북인사라서 절대로 안 된다는 말이 퍼지면서 한글학교는 물론 한인사회에 파장이 크게 일어났다. 우여곡절 끝에 청문회를 한다는 소식을 듣고 나도 참석을 했다. 청문회를 한다는 장소에는 상당히 많은 한인들이 와 있었다. 그런데 영사라는 분이 나와서 민원서류와 동포들이 고국에 소유하고 있는 재산 관리에 대한 정보를 설명하고는 질문이 있으면 하라고 했다. 그래서 내가 큰소리로(마이크가 없어서) 오늘 한글학교 교장후보 청문회가 있다고 해서 왔는데 왜 엉뚱한 일로 시간을 보내느냐고 물었더니, 내 질문에 대한 대답도 없이 잠깐 어수선하더니 텔레비전을 들여와서 김덕수사물놀이 공연비디오를 틀어놓았다. 이런 이유로 1993년 봄 베를린에 세종학교라는 또 하나의 한글학교가 문을 열게 되었다. 학생수가 많아서 한글학교가 더 만들어진다면 크게 기뻐할 일이지만 분열된 교포사회를 2세들을 위한 교육문제에까지 번지게 하였으니 참으로 가슴 아픈 일이었다.

그후 나는 두 번이나 어느 영사로부터 만나서 식사하면서 대화를 나누자는 초대를 받았지만 정중히 사양하였다. 한번은 김덕수사물놀이패의 베를린 공연장인 '세계문화의 집'에서 공연 사이의 휴식시간에 그리고 한번은 우리 집으로 전화가 왔었다.

1997년 5월에 '한독문화협회' 주최로 한국의 유능한 젊은 국악인들을 초청하여 독일 교포사회에 처음으로 만들어진 2세 사물놀이패 '천둥소리'와 함께 공연을 하였다. 천둥소리는 그 전해에 베를린에서 처음 열린 '다문화예술경연대회'에서 일등을 하여 한인사회는 물론 베를린의 틴에이저 사이에 인기가 대단하였다. 공연 준비과정에서 재독한인사회에서 가장 큰 단체인 한인회와 주독일대사관이 후원을 한다면 보다 성공적인 공연이 될 것이라는 데 의견이 모아져서 교섭을 하기로 했다. 그 일로 만나게 된 영사는 독일에 부임한 지한 달밖에 되지 않았다면서 이렇게 좋은 일을 하느냐고 칭찬을 아끼지 않았다. 어떤 식으로 후원을 할지 다시 연락하겠다면서 그는 자리에서 일어났고, 그후 주최측은 그 영사로부터 대사관은 2세들의 공

이주여성이 되다

연을 후원할 수 없다는 연락을 받았다.

한독문화협회에는 여성모임 회원들이 많이 참여하고 있었으며 천둥소리 멤버 중에는 여성모임과 '노동교실' 자녀들도 있었다. 그렇지만 대사관의 후원 없이도 공연은 입장권을 살 수 없어서 돌아가는 사람이 있었을 정도로 대성공을 거두었다.

이제는 군인 출신이 아닌 대통령이 4번째 청와대의 주인이 되었고, 그 사이에 여성모임에서 활발히 활동하던 옛 회원 몇 사람은 관변단체인 '한민족여성네트워크'나 '민주평화통일자문회의'에서 활동하고 있다. 그만큼 조국의 정치·사회의 변화에 따라 재독한인사회의 분위기와 움직임이 변하였다.

그런데 지난 2010년 재 베를린 간호사요원회 회장선거를 통해서 우리가 젊어서 조국을 떠나기 전에 받았던 소양교육에서 주입된 반공사상이 얼마나 뼛속 깊이 반공유전자 같은 것이 되어 돌고 있는지 절감하게 되었다. 회장 입후보자 중 한 사람을 빨갱이라고 몰아붙이면서, 여성모임 회원들이 몰려와서 찍어줄 것이니 큰일 났다고 모두 나와서 선거에 참여하라고 맹렬히 선거운동을 펼쳤다 한다. 그 후보자는 여성모임 회원도 아니었거니와, 그걸 떠나서 재독한국여성모임은 여전히 NGO로서 활동하고 있지만 유감스럽게도 그 후보자를 베를린 간호사요원회 회장으로 당선시킬 만큼 많은 회원을 베를린에 보유하고 있지도 않다.

나는 분단된 독일(서독)에 취업차 왔다가 4년 후에 분단된 베를린의 서쪽에 와서 살면서 동료들이나 독일친구들을 통해서 분단의 아픔이 어떤 것이며 또 동서 이산가족들의 고통을 덜어주기 위해서 동서독 양 정부가 정책 면에서 어떻게 노력하고 실천하고 있는지 보아왔다. 동서독 국민들은 서로 우편물교환은 물론 비자를 신청하여 방문할 수도 있었고 동독의 정년퇴직자 중에는 아예 서독으로 이사 와서 사는 이들도 많았다. 그외에도 분단의 고통을 덜어주기 위해서 엄청난 서독돈이 동독으로 갔을 것이다. 분단된 조국 때문에 분열된 교포사회를 체험하고 있는 나는 이러한 독일이 부러웠다. 1990년에 독일이 통일되고 2005년에 동독 물리학자 출신 앙겔라 메르켈이 기민당 당수로 총리에 취임하여 현재에 이르고 있으며 그리고 2012년에는 역시 동독 출신 목사 요아힘 가우크가 독일대통령이 되었다. 유태인학살과 2차대전 도발국이라는 어두운 역사의 큰 짐을 지고 독일은 이렇게 민주주의를 성장시킨 것이다. 한반도가 통일이 되면 우리나라에서도 이런 일이 가능할까?

외국에 살면서 무엇이 내 조국인가에 대해 기회 있을 때마다 스스로에게 물어왔다. 대한민국? 아니면 분단된 조국? 아사 직전인 북한어린이들의 사진을 대하면 가슴이 저리고 유럽을 활보하고 다니는 비만증의 김정일 장남이나 터질 듯이 팽팽한 얼굴로 세상에 모습을 드러낸 3대 세습의 주인공 김정은의 사진을 볼 때 분노가 일곤 한다. 또한 경제발전과 민주화된 오늘의 대한민국을 자랑하면서

이주여성이 되다

G20정상회담이나 온갖 국제행사를 유치하려고 노력하는 한편, 국회에서는 예산안 통과 때문에 난투극을 벌이는 한국 국회의원들, 평화적 시위대를 공권력을 투입해 군부독재 시절과 마찬가지로 폭력적으로 진압하는 장면들을 독일의 뉴스에서 접하면 창피하기 그지없다. 이런 내 감정의 변화는 민족이라는 집단의식에서 오는 것 같다.

스물두 살 젊은 나이에 나는 취업차 독일에 오면서 아무에게도 말하지 않았지만 내 생의 터전을 이곳 독일에서 가꾸리라 생각하면서 고국을 떠나왔다. 물론 독일어는 한마디도 할 수 없었고 독일에 관한 정보도 전혀 없는 상황이었지만, 그토록 비장한 각오를 했던 이유는 배우지 못하고 힘없는 사람은 무참히 밟히고 착취당하는 사회풍토와 경제구조에 대하여 비판적인 안목은 있었으나, 그러한 사회에서 배우고 싶은 만큼 배우지 못한 여자로서 어떻게 살아야 할지 막막했기 때문에 새로운 가능성과 기회를 찾아서 떠났던 것이다.

그러나 고향, 아니 내 조국은 항상 그리움의 대상이어서 그곳에서 오는 소식이 긍정적이거나 부정적이거나 모든 촉각이 그곳으로 향함은 아직까지 어쩔 수 없다. 주체사상의 낚싯밥이 얼마나 달콤한지, 반공사상의 그물이 얼마나 촘촘한지 알 수 없으나 이 두 문제는 해외동포들에게도 아직은 극복해야 할 과제로 남아 있는 것 같다.

사랑하는 동생에게

송현숙

여기 외국인관청에서 93번 번호를 뽑고는
차례를 기다리며 네게 편지를 쓴다.
그리고 여기 분위기를 담은 그림일기를 그린다.
숫자에 숫자가 이어지고,
나는 기다리고 또 기다린다.
늘 한쪽만 가리키는 화살표가 보인다.
시간적 간격을 두고 나타나면서 공간적인 소리를
산출하는 그 선의 움직임을 스케치해 본다.
그 선은 허공을 작동시키면서,
주변을 나가는 것과 들어오는 것으로 분할한다.

그들은 나를 멈추게 했고,

이주여성이 되다

내 발끝을 바닥에 그려진 경계선에 맞추게 했다.
무명(無名)의 제복이 권리와 권위의 표징이다.
그들은 내가 열 발짝 옮길 때마다
내 이름과 내 직업을 물었다.

나는 신원증명에 필요한 서류와 증명서, 사진
그리고 서명을 제시했다.
그들은 얼굴과 사진, 서명을 차례로 훑어본 후,
몇 가지 질문을 제기했다.
그게 어쨌든 그들 일이니까.

어느 날 그들은 나에게 여권을 주고 악수를 청하면서,
이제 내가 독일인이라고 했다.
그들 중의 하나!
적어도 그들처럼 행동해야 하는 한 사람.
혹시 그들처럼 행동하지 않는 것이 죄가
될 수도 있는 사람.
독일은 이중국적을 허용하지 않는다.
아무도 동시에 한국인이자 독일인일 수 없다.

하지만 나는 그들 중의 하나가 아니다.
그들은 나를 무심히 대하지 않고,

내 정체성에 관심을 보이며,
내가 어디에서 왔는지,
내가 누구인지를 묻는다.

나는 그들의 말을 배웠다.
관청에서 쓰이는 독일어도 배웠고,
독일산문도 배웠다.
그들은 나의 언어구사 능력과 무능력에 대해 논평한다.
내가 얼굴 생김새와 전혀 딴판으로 말한다고 지적한다.
마치 내가 스스로 누구인지 모르는 것처럼.
나는 내가 누구인지 밝히면서,
스스로 의혹에 빠진다.
나는 과연 누구인가?

빈 고향

김-페터스 정자

"나의 살던 고향은 꽃피는 산골…"
콧노래를 부르면서 차를 달리는데
절반도 부르지 못하고 목이 메고
눈시울이 젖어진다

눈물에 젖은 안경을 닦으려고
차를 세우고 한숨을 내쉬면서
"무슨 놈의 팔자가 요다지도 별나서
잘 먹고 잘 사는 지금에 왜 이다지도
그 배고파 울던 그 동네시절을
그리워하는가"

시래기죽 한 가마솥 끓여서
오남매가 정답게 마루에 앉아

배가 터지도록 먹던 그 동네

산에 나무하러 가서 내 몸뚱이보다 더 큰
깔비동치와 함께 굴러떨어져
시커멓게 멍들었던 그 동네

엄마가 산더미 같은 빚 때문에
남몰래 우실 때 호롱불 밑에서
손 만지며 위로해 드리던 그 동네

김포공항에서 태극기 흔들면서
"엄마 내 돈 벌어서 꼭 빚 갚아드릴게요"
하면서 독일행 비행기를 타던 그때 그 시절

반평생이 넘도록 떠나와 버린
그 동네 그 시절
이젠 시래기죽도 없는
엄마도 없는
그 텅 빈 동네를
아직도 그리워하며 눈물짓누나

나의 살던 고향이기에.

이주여성이 되다

2

이주여성으로

산다는
것

학술회로 마감한
41년 직장생활

안차조

병원장으로부터 마흔한 송이의 장미를 받으며 정년퇴임식을 한 지 올해로 벌써 4년이 되었다. 은퇴를 하면 대부분의 사람들이 직장과는 멀리한다. 직장동료들과 지속적으로 유대관계를 맺는 것은 드문 일이다.

독일말에 "친구는 골라 선택할 수 있지만 친척과 직장동료는 고를 수가 없다"는 말이 있듯이 일터에서 만난 동료와 우정을 맺어 친구가 되려면 직업상의 이해관계를 떠나 마음이 통하는 정신적인 끈이 필요하다. 같이 근무를 하며 일에 열중하다 보면 인간적인 관계를 등한시하게 되고, 근무처를 떠남과 동시에 일단 동료로서는 헤어지게 된다. 젊은 나이에 이곳에 와서 문화에 적응은 물론

이주여성으로 산다는 것

언어장벽을 극복하기 위해 오랜 시간 노력이 필요했던 나는 그 과정에서 생기는 문제들을 감정적으로 해결하기보다는 동료들과 논쟁이나 토론을 통해서 해결하는 것이 더 중요함을 배우게 되었다. 그들과의 마찰이 나를 강하게 하는 힘이 되었고 이를 통해 독일사회에서 살아가는 자세를 다듬어갈 수 있었다.

　　독일에서 간호사생활의 첫 출발이었던 일반병동과 수술실 근무를 거쳐, 퇴직 전 마지막 12년 동안 모든 열정을 다했던 유럽 제일의 레이저과 수간호사의 채용면접일은 지금도 생각하면 가슴이 울렁거린다. 이미 레이저병동 원장의 추천을 받아 2년간 수간호사 정식자격을 얻기 위한 교육을 받는 데 필요한 면접인데도 나는 극도로 흥분해 있었다.

　　수간호사로 승진하는 평균나이보다 더 많은 51세의 나이로 도전한 것도 이 사회에 나의 자리를 지키기 위한 나름대로의 노력이었다. 이곳에서 45세의 늦은 나이에 아비투어(독일의 대입고사) 과정을 밟았을 때만큼이나 열심히 수간호사 교육을 또다시 젊은 사람들 틈에 끼여서 받으며 부족한 부분들을 보충했다. 끊임없이 발전하고 있는 현대 간호학을 배우는 과정에서 나는 예전에는 없었던 내 직업에 대한 자부심을 새삼 갖게 되었다. 외국인으로 많은 경쟁자를 물리치고 합격하게 된 것은, 힘든 정형외과 수술실 경력과 몇 년 동안의 수간호사 대리경험을 인정받았기 때문이었다.

최초로 베를린에 문을 열게 된 이 새로운 초대형 레이저과에는 여러 의료분야에서 임상경험을 한 간호사들이 모여, 함께 레이저 치료법과 간호법에 대해 배워야 하는 상황이었다. 항상 배움에 굶주렸던 나 자신과 여기서 또 한번 만나는 기회가 되었다. 다양한 레이저 치료방법 중 크게 주목받은 것은 내시경 레이저수술이었는데, 지금까지 내가 경험하지 못했던 새로운 의술이었다. 여기에는 이 분야에 종사하는 간호사들에게 전반적인 의료지식이 요구되었다. 이것은 의사들 역시 마찬가지였다.

　　그래서 매일 아침 업무가 시작되기 전에 레이저과에서는 수술실과 외래과에서 쓰는 레이저기계의 사용법, 의료영상 시스템, 초음파기계 등에 대한 직원연수가 실시되었다. 새로운 영역에 속하는 레이저 수술법에 대해 배운다는 것은 나에게 또 하나의 도전이었고, 이미 내가 쌓아온 간호지식과 오랜 수술실 업무경험이 토대가 되어 짧은 시일에 많은 일을 자립적으로 수행할 수 있게 되었다. 내가 제일 즐겁게 배운 부분은 이론연수에서 레이저과에서 사용하는 기계들이 어떤 원리로 환자 진단과 치료에 응용되는가 하는 것이었다. 주로 내가 아비투어를 할 때 화학과 물리에서 배운 원자, 핵전자 반응, 빛의 원리 등에 관한 내용인데, 뒤늦게 직업을 수행하는 데 응용하게 되면서 교육의 의의를 다시 한번 실감할 수 있었다. 반세기 전 대한민국에서 딸로 태어난 나는 집안의 생계와 아들들의 교육을 위해 뒷전으로 물러나야 했었다. 이루지 못한 배움

이주여성으로 산다는 것

에 대한 갈증을 안고 살아왔기에 새로운 의술에 대한 교육은 내 인생에 큰 의미를 부여했다.

독일통일 후 베를린 병원들의 침대수를 대폭 줄이는 데서부터 시작한 의료보험 절약계획은 간호계에 많은 영향을 끼쳤다. 1998년부터 베를린의 시립병원에서는 더 이상 간호사를 받아들이지 않았다. 그때 내가 있던 병원에도 매년 20명의 간호학생들을 배출하였지만 한 명도 고용하지 않았다. 그래서 베를린을 떠나 독일의 다른 지역이나 스위스 등 유럽의 여러 나라로 직장을 찾아 떠나는 간호사가 늘어났다. 이것은 실제 베를린의 간호사 수가 많아서라기보다는 베를린시의 급진적인 병원개혁이 그 원인이었다. 간호사의 실업사태는 2차 세계대전 후 서독건국 이래 처음 있는 일로, 독일통일과 관계가 있다. 60년대 독일에서 간호사 부족으로 '비상상태'가 발생했을 때 각국의, 특히 한국간호사들이 많이 취업하게 되었던 것과는 반대현상이 일어나고 있었다.

2000년에 베를린 내 10개 시립병원이 하나의 유한책임회사(GmbH)로 통합되면서, 시립병원 수를 줄이고 동시에 여러 개의 병동을 하나로 통합하는 등 내부적으로 큰 개혁을 단행했다. 병원당국은 간호사 수를 줄이기 위해 퇴직연령에 가까운 간호사들에게 조기퇴직을 권하고, 연금회사 관계자를 병원에 초대하여 직원들이 독일연금법에 대해서 문의하고 조기퇴직을 하더라도 유리한 연금

혜택을 받을 수 있는 길에 대해 전문적인 상담을 받을 수 있도록 기회를 주었다.

독일 퇴직연령이 65세였는데, 그전에 퇴직할 경우 여러 가지 조건이 붙었다. 만일 65세 전에 조기퇴직을 할 경우 퇴직연령에 따라 연금액이 삭감되는데, 예를 들어 63세에 퇴직을 하면 월 연금액에서 7.4%가 삭감된다. 내가 60세에 선택한 모델은 65세에 연금을 취득하는 것을 전제로 60세에서 62세 반까지, 즉 2년 반 동안 풀타임으로 일을 하면서 나의 정상 월수입의 82%만 받는 것이었다. 그리고 62세 반에서 65세까지 휴무를 하면서 월급은 계속 82%를 받고, 65세에는 100% 연금을 받는 모델이었다. 만약 본인이 원하면 65세까지 5년 동안 파트타임으로 일하면서 월급의 82%를 받을 수 있다. 이러한 인사관리를 계기로 당시 60세 안팎이던 한국간호사들이 많이 조기퇴직을 했다. 병원의 의료시스템 개혁은 지금까지 계속 진행되고 있어 간호사, 의사 들이 무척 힘겨워하는 소리를 매스컴을 통해 종종 접할 수 있다. 내가 혜택을 받을 수 있었던 이 연금모델은 독일경제의 침체를 이유로 2010년 말로 끝이 났다.

이런 상황에서 수간호사들의 과제는 점점 늘어났다. 병원 내부의 움직임을 파악하고 팀을 잘 이끌어야만 하는 중요한 과제가 언제나 뒤따랐다. 병원방침에 따라 의무적으로 매달 직원회의를 열어야 했는데, 언제나 나는 기꺼이 이 일을 진행했다. 레이저과

이주여성으로 산다는 것

내에서는 매주 회의가 열리고, 매달 열리는 병원 직원회의는 투명한 업무를 꾸리기 위한 중요한 회의다. 베를린 시립병원의 개혁이 시작됨과 동시에 의료정책은 더 전문적인 간호기술을 요구하면서 간호사들을 계속 연수시켰다. 환자는 병원의 경제를 좌우하는 고객으로 받아들이고 "고객은 왕이다"란 슬로건으로 병원의 모든 직원들에게 환자의 개념을 다르게 인식하도록 시도했다.

나는 오랜 시간 동안 이 새로운 개념이 낯설고 인정할 수가 없어, 이 모순적인 슬로건에 대해 많은 비판을 했다. 환자를 고객이라고 생각하고 의술과 간호술이라는 상품을 환자에게 팔아 병원을 운영한다는 것으로 들렸기 때문이다. 간호직은 독일말로 그 어원이 dienen(봉사, 헌신, 시중들다)에서 왔고 나이팅게일 정신을 기본정신으로 하고 있는데, 이제는 환자가 고객으로 등장하고 간호라는 노동으로 돈만 버는 직업으로 이해될 수가 있었던 것이다. 독일 간호사직이 육체적으로는 중노동에 속하다 보니 이런 변태적인 현상이 일어나고 있는 건 아닌지 하는 생각까지 들었다. 그렇다면 이제는 간호사와 환자의 관계가 간호학에서 배웠던 직업의 도덕성을 떠나서 상업적으로만 성립된다는 것인데, 이것은 간호업무의 원칙을 완전히 무시하는 것으로 이해될 수 있는 위험한 개념이었다. 즉 환자를 영업대상으로 대해야 한다는 것은 투병중인 환자와 근심걱정에 싸인 가족들을 배려하면서 간호에 중점을 두어야 하는 간호사들에게 너무나 힘든 상황을 초래할 게 뻔했다. 이런 상업 위주 병원의 의료정책에 반대하는 목소리를 높이는 직원들과 함께 어떤 방법으로 환자들에게 전문적인 간호기술을 발휘하고 더불어 병원의 경제적 위기를 면할까 하고 많이 고민했다.

　　나의 주된 업무는 팀을 이끌어가는 일 외에, 레이저과에서 의사들을 위해 매년 4회에 걸쳐서 실시되는 국제 레이저 심포지엄과 교육의 기획과 실천을 돕는 일이었다. 우리 병원의 레이저과가 국제적으로 알려지고 인정받으면서 여러 나라에서 의사와 간호사들이 견학을 왔다. 1999년에는 한국 모병원의 레이저과 의사와 간호사 두 분이 일주일 동안 견학을 하고 가셨다. 그 인연으로 이듬해 나는 서울에 있는 병원을 방문해서, 임 간호사의 친절한 안내를 받으며 병실과 수술실을 견학할 수 있었다. 수술실은 최신형 시스템으로 운영되고 있었고, 또 한국의 다른 병원과 달리 간호사들이 환자들의 전인간호(ganzheitliche Pflege)를 하고 있다는 설명을 들었다. 임상 위주의 철저한 간호교육은 환자의 전인간호를 위해서 정말 중요하다고 생각하고 있던 나에게, 이 병원에서도 독일처럼 전인간호를 한다는 설명은 그렇게 반가울 수가 없었다. 나는 독일로 돌아와 레이저과 직원회의 때 한국의 이 병원에 대해서 열을 올리며 아주 자랑스럽게 보고를 했다. 머리가 파뿌리가 되도록 이곳에 살았지만 내 고국에 대한 자부심은 가슴 깊은 곳에 자리하고 있음을 새삼 느꼈다.

이주여성으로 산다는 것

레이저과 수간호사, 과장으로서 또 하나의 과제는 매년 직원들의 근무성적을 평가하는 일이었다. 이곳에서는 근무성적을 당사자와 협의하면서 작성해서 당사자의 서명을 받아 간호부장에게 보고한다. 근무성적은 간호 전문지식을 비롯하여 환자, 즉 고객을 다루는 능력, 사회적 유대의식, 팀워크 등을 관찰해서 평가한다. 간호지식이 부족한 사람, 병가를 자주 내는 사람은 팀워크에 많은 어려움을 가져올 수 있지만, 이런 사람들의 근무성적을 작성할 때는 당사자와 많은 대화를 나누어 앞으로 팀워크에 긍정적인 영향을 줄 수 있도록 근무성적에 반영한다. 이런 평가방법을 통해서 동료들에게 새로운 자세로 신뢰와 일의 동기를 부여할 수 있음을 경험하였다. 독일 건강보험 시스템과 노동법은 개개인의 노동계약에 따라 다소 차이는 있지만, 원칙적으로 병가를 내면 고용주 또는 건강보험회사로부터 일정 기간 급여가 나오기 때문에 특히 환절기가 되면 많은 직원들이 병가를 낸다. 직원 근무성적을 통계해 보면 언제나 평균 한 명은 병가중이다. 병가를 자주 내는 동료들 때문에 근무표를 작성하는 데 골탕을 먹은 일이 흔히 있었다.

독일의 통일은 의료계통에도 많은 변화를 가져왔다 그중에서도 눈에 띄는 변화는 동독에서 많은 간호사들이 서독병원으로 직장을 옮긴 것이다. 서로 다른 체제 아래서 받은 교육은 인간관계에서부터 임상간호에 이르기까지 많은 차이를 낳았다. 베를린자유대학에서 사회학을 전공하고 동독 에어푸르트(Erfurt)대학에 새로 설립된 사회학과의 초대교수로 간 분의 말이 생각난다. 동독은 사회주의 체제 국가라 하여 통일 전까지 대학에 사회학과가 없었다. 그가 경험한 동독인들을 묘사하자면 독일말로 "unterwürfig mit subtiler Aggression"라 했다. 번역을 하자면 "보이지 않는 공격적인 순종"이라고 해야 할 것이다. 어폐가 없는 것은 아니지만 분개를 담은 순종은 상대방에게 불신을 유발한다. 가장 큰 문제는 벗어던질 수 없는 열등의식이라고 했다.

나의 근무처에도 동독 출신 여성간호사와 남성간호사 몇 명이 들어왔다. 한 여성간호사는 대학을 졸업하고 직업고등학교에서 교사로 일하다 통일이 된 후 실업자가 되어 내가 있는 시립병원에서 간호학교 과정을 거쳐 레이저과에 들어왔고, 한 남성간호사역시 경찰분야에서 일하다 간호사 자격증을 받았다. 동독 사회주의 붕괴와 독일통일 후 실업자가 되어 다시 새로운, 전직보다 한층아래인 직장을 선택하게 된 이들은 불만과 좌절감으로 알게 모르게 팀 내의 분위기를 혼란스럽게 만들었다. 나는 업무적인 일 외에때때로 시간을 내어 그들과 대화를 하면서 그들에게 내가 잘 모르고 있는 동독 사회주의 체제에서 여성의 사회적 지위, 여성운동에대해 이야기해 달라고 청하기도 했다.

동독에서 온 동료들의 말에 의하면, 동독에서는 여성권익을 위해 활동할 국가기구가 설치되어 있었기 때문에 서독에서처럼

이주여성으로 산다는 것

노동권, 낙태결정권, 남녀평등에 대해서 투쟁할 필요가 없었다고 했다. 또한 여성들의 직업활동은 경제적인 자립을 위한 필수조건으로 간주했으며, 동독은 유아보육원이나 유치원 시스템이 잘되어 있었기 때문에 가정에 구애받지 않고 경제적으로 독립을 할 수 있었다고 했다. 즉 동독체제에서는 직장과 자녀양육을 병행할 수가 있었으나 통일된 지금에는 그것이 불가능하다는 점을 강조했다. 또 한 가지는 자본주의인 서독에 비해 가족과 친지들과의 유대관계가 좋았다는 점이다. 그러나 동독의 여성운동은 정부정책의 영향 아래 있었기에 그들의 활동에 한계가 있었다고 덧붙였다.

우리는 서로 다른 체제와 문화 속에서 살았지만 여성문제를 놓고 이야기를 나눌 때는 지난 '베를린장벽'이 우리 사이에 걸림돌이 되지 않았다. 이것 또한 독일의 평화통일을 통해 얻은 점이라고 생각한다. 동독동료들 중 전문간호사 자격을 가지고 임상경험을 많이 가진 사람도 있었지만, 그들의 공통점은 팀에서 할당받은 일은 착실히 수행하지만 솔선하지 않는 점이었다. 모든 일이 상관의 지시에 따라 진행되었던 동독의 정치체제에서 자립적으로 업무수행을 해본 경험이 없었던 그들에게는 항상 직무를 지시하면서 협조를 해야 하는 나의 어려움이 뒤따르기도 했다.

그들 중에는 인종차별에 대한 발언을 아무런 주저 없이 하는 동료도 있었다. 예를 들어 "어제 아들의 유모차를 잃어버렸는데

틀림없이 검은 색깔 머리를 한 사람이 훔쳐갔을 것이다"라고 애매모호한 말을 팀원들 앞에서 했다. 그러면서 자기 집에서 멀지 않은 곳에 보스니아에서 온 피난민수용소가 있다고 덧붙였다. 1991년 유고슬라비아 내전이 일어났을 때 전쟁을 피해 독일로 피난 온 보스니아 난민들을 위해 여러 지역에 수용소가 세워졌다. 당시 나는 35년의 세월을 이곳에서 이주민여성으로 살면서 알게 모르게 인종차별에 대한 경험을 했지만, 이렇게 직장에서 아무렇지도 않게 하는 충격적인 말을 듣고는 그 동료를 수용하기가 힘이 들었다. 반세기가 넘도록 외국인들과 접촉할 기회와 경험이 드물었던 이들은 내 앞에서는 언제나 공손했지만 자기들의 상관이 동양여성이란 것을 인정하기 힘들어하는 것처럼 느껴졌다. 독일통일 후 동독인들은 자본주의 시스템에 적응하는 데 많은 어려움을 겪었고, 많은 사람들이 실업으로 미래에 대한 불안감을 가지고 있었다.

한 팀을 이끌어가는 책임자마다 자신만의 고유한 스타일이 있다. 언제나 내가 강조하는 점은, 무엇보다 중요한 것은 환자들을 위한 전문 간호지식이며 그들의 건강회복을 위해서 서로가 협력하는 공동의식을 가지고 어려움을 극복해 나가는 것이 우리 팀의 목적이요 의무라는 것이었다. 또 한 가지는 환자들이 다시 사회로 돌아갔을 때 빠른 시일 안에 건강한 구성원으로 생활할 수 있도록 재활간호에도 중점을 두고서 직원들이 재활간호 연수를 가도록 유도했다.

이주여성으로 산다는 것

1970년대 후반 들어서 독일간호사들의 사회적 지위를 높여야 한다는 요구가 커졌고, 유럽의 다른 국가나 미국 등에서 발표된 간호사들의 연구논문이 독일의 간호사들에게도 많이 읽히곤 했다. 수술실, 마취과, 중환자병동과 위생과 등 전문과정을 수료한 간호사 수가 늘어났고 간호사를 위한 간호경영교육도 많이 실시되었다. 앞으로 독일간호협회가 각 연방에 지사를 개설하여 중앙통제를 할 것이라고 한다. 나는 젊은 동료들로부터도 많은 것을 배웠다. 자기들의 의견을 객관적으로 논증하는 태도, 부지런하고 팀워크에 협력적인 태도, 창의적인 아이디어, 건전한 비평, 매사를 긍정적으로 보는 점들이 그것이다. 또한 근무처에서 일어나는 불만, 직원들 사이에 빚어지는 오해들은 토론을 통해 비판하고 화해하려고 노력한다. 이것은 이곳 교육시스템의 영향이란 것을 내가 아비투어를 하는 과정에서 직접 체험했다.

내가 근무하던 병원의 외과병동에서 한번 심각한 일이 있었다. 병동의 모든 간호사들이 의사들의 업무, 예를 들어 환자의 근육주사, 혈관주사, 피 뽑는 일 그리고 상처치료(dressing)를 더 이상 하지 않겠다고 했다. 간호사가 이러한 의사들의 업무를 함으로 인해서 환자간호에 소홀해지는 경향이 있다고 그들은 주장했다. 독일 의료법에서는 이 일이 의사들의 업무로 되어 있다. 따라서 만약 법적 책임 문제를 거론할 일이 일어났을 때 간호사는 법적 보장을 전혀 못 받는다. 간호사들이 더 이상 의사들의 업무에 협조를 하지 않아 의사들과 간호사들 사이에 많은 논쟁이 있었다. 나는 간호사의 업무를 뚜렷이 밝혀 주장하는 그들이 참 인상적이었다.

병원에서 나의 정년퇴직 송별회를 위해 심포지엄을 열었다. 전례가 없는 특별대우였다. 이 심포지엄에는 나의 가족과 친구들, 각 병원의 의사와 간호사, 건강보험회사, 간호학교 그리고 베를린간호사조합이 초대되었다. 주제는 "현재 수술실 간호사 모델은 끝인가 혹은 전망이 있는가?"였다. 이런 주제를 선택한 것은 당시 베를린시립 소속 간호학교에서 10년 전부터 '수술기술 보조원' (Operationstechnischer Assistent)이란 새로운 직명으로 젊은 사람들을 2년 동안 수술실 업무만 중점적으로 교육시켜 수술실 전문간호사 자리에 대체시키고 있었기 때문이다. 이러한 인사정책이 장래의 간호사의 발전에 어떤 영향을 끼칠 것이며 또한 수술기술 보조원이 수술실 전문간호사의 직무를 넘겨받을 수 있는가에 대한 진지한 토론이 심포지엄에서 진행되었다.

토론된 내용을 정리해 보면 다음과 같다.

첫째, 수술기술 보조원의 경우는 교육기간이 2년이며 교육이 끝난 후 수술실의 실습시간이 짧다. 수술실의 첨단 의료기계를 다루는 기술을 빨리 이해하고 자립적으로 일을 한다.

둘째, 수술실 간호사의 경우에는 3년의 간호사교육을 거쳐 1년 6개월 내지 2년 동안 수술실 전문간호사의 교육을 받는다. 수술

이주여성으로 산다는 것

실 전문간호사는 전인간호에 대한 전문적인 지식을 갖고 있다.

셋째, 토론의 추론은 수술실에는 수술기술 보조원과 수술실 전문간호사를 함께 채용하는 것이 이상적이다. 전인간호에 대한 지식을 갖춘 수술실 전문간호사의 자리를 수술기술 보조원으로 대체할 수 없다. 또한 이 점은 간호학과의 발전에 위협을 가져올 수 있다. 수술기술 보조원은 수술실 전문간호사와 달리 90% 이상이 아비투어를 한 젊은 사람들로서, 대학진학을 하기 전 직업을 배워 몇 년 일을 하다 대학을 가기 위해 직장을 떠나는 이들이 적지 않다.

내가 있는 과에서도 젊은 수술실 기술보조원을 두 명 채용했는데 1년이 좀 지난 후 대학진학을 위해 떠났다. 그들의 말에 의하면 대학공부를 하는 동안의 학비를 조달하기 위해서, 또는 졸업후 직장을 얻기까지 어려울 경우를 대비해서 연마한 직업이라고 했다. 이렇게 짧은 기간만 일을 하고 또 다른 미래를 위해서 직장을 떠나는 젊은이들을 위한 수술기술 보조원 교육은 경제적인 의료정책으로 시작했던 본래의 목적과 거리가 멀다고 생각했다.

나는 끊임없이 배움을 위해 발돋움을 하면서 살아온 나의 생애를 알아보기라도 한 듯 진지한 학술회의로 나를 떠나보내 준 레이저과와 병원이 그저 흐뭇하고 고마울 따름이다.

클리마티스

김현숙

파아란 하늘에는 뭉게구름이 솜털처럼 뭉실뭉실 춤을 춘다. 들에는 농부들의 거름치기가 부산하고 언덕 위의 소들은 한가로이 풀을 뜯는다. 나의 조그마한 꽃밭에는 클리마티스라는 엉겅퀴와 같은 꽃 네 개가 나란히 낮은 사다리를 움켜쥐고 있다. 이것들은 잎은 작은 데 비해 꽃은 매우 큰 편이다. 그래서인지 혼자서 서 있을 수 없다. 올해 영하20도로 내려간 혹독한 긴긴 겨울을 이겨낸 가냘프기 짝이 없는 기다란 실 같은 손을 길게 늘여뜨려서 사다리를 친친 감고, 지푸라기를 붙잡고 그리고 서로 엉켜쥐고 있다. 이것들은 저 높은 하늘을 향해서, 저 넓은 세상을 향해서 손을 한없이 펼치고 있다. 이 꽃들을 보고 나의 삶을 보며, 나의 삶과 닮아 있음을 본다.

1973년 말부터 독일 바이에른의 시골에 와서 지내는 동안

이주여성으로 산다는 것

이곳 시골사람들은 포근한 인심과 동양인에 대한 호기심을 보여 주었다. 바이에른 사람들의 특성이랄까 성격이 투박한데도 나에겐 정겹게 다가오고 이질감이 들지 않았던 것은 땅을 하늘처럼 섬기는 한국농부들의 생활상을 여기서도 볼 수 있었기 때문이다.

그러나 이들은 이방인들이 자신들의 영토와 영역을 침범한다고 간주하면 생활현장에서는 본능적으로 배척하려 했고, 병실에서도 권력과 영역 다툼이 자주 일어났다.

그 시기에는 독일의 경제가 안정적으로 성장하고 있었기에 독일인들은 우리 아시아여성들의 작은 체구에 동정을 보내기도 하고 바지런한 우리에게 도움을, 그리고 웃음 짓는 천사라며 귀여워하는 여유까지 보여주었다. 그래서 순종파이리라는 착각까지 하면….

독일사람인 지금의 남편이 된 남자와 결혼을 하고 딸아이를 두고 있었다. 가족생활의 초기에는 이방인으로서 생활터전을 만들어야 하는, 마치 병원생활의 연속과 같았다. 원활하지 않은 언어소통 그리고 나와 다른 삶의 가치관과 문화와 습관 등, 나는 그야말로 고도의 통찰력을 동원해야 했다. 하지만 독일생활에서 요구하는 고도의 통찰력은 내 힘의 영역을 넘어서는 것이었다. 더욱이 새로운 가족생활로 살림하고 아이를 길러야 했으며, 그것도 '독일인' 남편과 함께였다. 어느새 "나는 무엇을 하고자 하는가" "나의 존재는 무엇일까"라는 의문에 갇혀 헤매고 있었다.

이즈음 '재독한국여성모임'과의 만남에서 신선하면서도 파격적인 충격을 받았다. 여성해방이 무엇인지, 정치가 무엇인지, 인격을 어떻게 닦아야 하는지 등과 더불어 서로 다른 삶을 영위하고 개척하는 모습들을 접하면서 독일인과의 가정에서의 삶, 독일 사람들의 사고방식과 가치관 그리고 습관들이 무엇인지도 차츰 알게 되었다. 여성모임에 참석하지 않았다면 지금도 "여성해방이란 건, 담배 필 줄 아는 것이 여성해방이야"라고 자만하면서 말하고 있었을 것이다.

나의 삶의 틀이 조금씩 만들어져 가고 있었다. 일종의 삶의 나침반이라 할까. 물론 전라도사투리와 경상도사투리, 서로 다른 말투와 관계없이 된장찌개를 공유한다는 것, 한솥밥을 먹는다는 것은 우리를 뭉치게 하는 상징이었다. 이것이 없었다면 아마 나는 그곳에서 자리매김을 할 수 없었을 것이다.

그럼에도 나의 사고방식과 습관들 그리고 생활방식은 독일생활과 조화를 이루지 못했고, 이런 어긋남은 내 고향 한국으로 돌아가 새로운 삶의 터전을 만들고 싶다는 소망으로 굳어갔다. 이 소망은 곧 나의 꿈이 되었고, 드디어 나는 꿈을 이루어 1998년 9월

이주여성으로 산다는 것

한국으로 향하는 비행기에 몸을 실었다. 가슴 벅찬 야망을 간직하며, 그러나 고국에 무엇이 또 어떻게 나를 기다리고 있는지 상상도 못한 채 마냥 즐겁기만 했다. 희망이 가득하기에.

한국에서 나의 사회생활이라 하면 간호학교 졸업 후 독일로 오기 전까지 서울의 한 메디컬센터에서 6개월 정도 근무한 것뿐이었다. 그러기에 실제로 생활터전에서는 어떠한 방식이 있고 또 어떤 제도가 있는지 몰랐다. 이로 인해 나에게 새로운 삶의 도전이 시작되었다.

한국의 병원체계가 독일하고 다르고 또 그래서인지 직업윤리가 달라서 나는 다시 헤매기 시작했다. 홀로서기를 위한 기본생활을 할 수 있는 여건과 조건을 제도가 받쳐준다면 독일에서처럼 삶을 새로 시작할 수 있을 것 같았는데. 독일은 독일계 러시아인, 동유럽에 거주하는 독일계 민족의 귀환을 정책적으로 추진하는 체계를 갖추고 기본생활을 보장하고 있었다.

고향을 찾아온 나는 한국인이지만 이방인이었다. 그 한국인이라는 이방인은 생계를 위한 터전을 마련하려고 안간힘을 썼으나 생활을 영위할 수 있는 여건은 주어지지 않았다. 짧은 시간이지만 한 기관에서 근무를 했을 때 오히려 그곳에서는 나를 '이상한 여자' 취급하려 했다. 왜 독일에서 돌아왔으며 남편은, 또 딸은 어떻게 하고 왔는지 등등 궁금한 게 많은 모양이었다. 나는 그들의 상상을 자극하고 입에 오르내리는 존재일 뿐 나의 인격과 능력의 가치는 뒷전으로 물러나 있었다. 내가 독일에서 작성해서 가져간 프로젝트 요약서는 안중에도 없었고 아예 관심 밖의 일이었다. 그때 홀로 내동댕이쳐져야 했던 나의 처참한 모습을 생각하면 지금도 눈앞이 흐려진다.

한국에서 간호사 또는 전문간호사로 일할 곳을 찾기 위해 서울에 있는 간호중앙위원회에 전화를 했다. 전화상으로 나의 앞뒤 사정을 이야기하면서 일자리 문의를 하였더니, 전화 받은 사람의 말은 "당신은 여기서 자원봉사를 하실 연세입니다"였다. 쏘아대는 듯한 대답에 나는 어안이벙벙할 수밖에. 생각해 보라 독일은 이제 연금취득 나이가 67세이지 않는가?

이 시기에 딸이 독일에서 나를 만나러 한국에 왔다. 2년이나 떨어져 살았기에 딸도 무척이나 서러워했고 나 역시 홀로서기에 지쳐 있었던 터라 공항에서 우리의 재회는 울음바다가 되어버렸다. 지나가던 사람들이 우리를 힐끔힐끔 쳐다봤다. '왜 한국여자가 달리 보이는 처녀를 부둥켜안고 저리도 슬피 울까' 하는 의문의 눈초리로.

나는 다시 생활터전을 마련하기 위해 다른 기관과 회사를 기웃거렸다. 그러나 살아갈 수 있는 길이 보이지 않아 막막했다. 한

이주여성으로 산다는 것

번은 나름대로 기발한 아이디어라고 생각하고 시장터를 가보았다. 나이 많은 아주머니들과 할머니들이 길가 양쪽 바닥에 앉아서 가지고 온 바구니를 펴놓고 싱싱한 채소, 떡, 고구마, 옥수수 등 이것저것 팔고 계셨다. 행여 나도 그리 해볼 수 있을까 하는 생각에 한 할머니 옆에 쪼그리고 앉았다. 조그마한 바구니에는 삶은 고구마 서너 개가 담겨 있었다. 나를 보시더니 "아줌마, 이 고구마 사시예? 3천원입니더!" 하는 말투로 보아 아마 할머니는 경상도사람인 것 같았다. 그러나 나를 놀라게 한 것은 아줌마들끼리 자리 때문에 싸움을 벌이는 것이었다. 생존경쟁인가? 이 모습을 본 나는 다시 포기하고 말았다. 자신이 없었다.

이즈음 외국에서 살다가 돌아오는 동포들을 위해 외국국적 동포 국내거주 허가기간을 2년으로 정해 놓아 나 같은 이방인도 체류허가를 얻는 데 그나마 수월했다. 이것이 정부로서는 최선의 배려였을까? 아직도 외국인노동자들의 인권을 보장하지 않는다는 등 국가의 위상이 바닥을 면치 못하고 있다. 이때도 일부 회사에서는 외국인노동자들을 착취하고, 여성들을 성폭행하고, 본국으로 돌아가지 못하도록 여권을 압수했다는 기사가 심심치 않게 나왔다. 정부는 이런 기사에 대해서 묵인하고, 사회는 이들에 대해서 등을 돌릴 뿐이었다.

난 다시 보따리를 싸서 독일행 비행기를 탔다. 비행기 안에서 안도의 한숨이 저절로 새어나왔다. 그래도 노동이주민으로 독일에 왔지만 나의 거주지가 독일에 있다는 것, 나의 생활터전을 다시 개척할 수 있다는 것, 이건 분명 클리마티스가 혹독한 겨울을 이겨내고 단비를 맞아 새싹을 틔우는 것처럼 나에게는 마지막 희망이었는지도 모른다. 간호사라는 직업을 가지고 있다는 것이 이리 고마운 줄 미처 몰랐다.

그러나 돌아와 보니 경제위기의 여파로 독일에서도 국립병원에서까지 간호사를 해고시키고 병동을 줄이기 시작했다. 병원에서는 부수적인 보조비를 삭감하고 병동을 닫아 간호사들을 다른 병동으로 배치하기도 해서 간호사들은 하루아침에 실업자가 되었다. 내가 다시 간호사 일자리를 찾기란 하늘에서 별 따기가 되어버렸다. 예전에는 간호사가 실업자가 된다는 것은 상상도 하지 못했다. 처음 독일에 온 후 내내 독일에는 간호사가 부족하여 외국인 간호사를, 특히 동유럽 간호사들을 받아들이고 있는 실정이었던지라 나의 일자리는 보장되어 있다고 안심했었다.

이제 어디로 가야 할지, 또다시 생존경쟁을 시작해야 하는 이곳은 살벌하다기보다는 찬바람이 쌩쌩 몰아쳤다. 한 생명의 인간이 살아가기 위해 매순간 힘겨운 싸움을 해야 하는데 높으신 하나님은 이를 아시는지 모르시는지.

이주여성으로 산다는 것

마침 함부르크에서 약 20킬로미터 떨어진 아담하고 예쁜 동네에 사는 친구를 통해 적십자사의 정신치료기관에서 정신과 전문간호사를 찾고 있다는 소식을 듣고 당장 이력서를 들고 찾아갔다. 그곳의 이사장은 경영까지 책임지고 있었는데 마침 여성이었다. 게다가 그곳으로 오기 전까지 바이에른에서 살았던 터라 내가 바이에른에서 왔다는 것만으로도 반가워하며 흔쾌히 허락하셨다.

함부르크는 부유하고 깨끗한 도시이다. 항구도시라서 들고나는 외국인이 많아서인지 외국인에게도 깍듯하고 친절하다. 그러나 가까이 다가가려면 저만치 도망가곤 하였다. 다시 이방인이 된 나는 낯선 도시로 삶의 터전을 옮겨야 했다. 물론 터전을 옮긴다는 것은 생각하기에 따라 다를 수 있지만 정작 당사자는 죽을힘을 다해 처음부터 새로 시작해야 하는 것일 따름이다. 죽기 아니면 살기로. 함부르크에서 조금 떨어진 이 동네에는 아직 정신질환 환자들을 방문하여 간호하는 기관이나 조직이 없었다.

한국에서 돌아오면서 마음으로 결정한 곳은 수도가 된 베를린이었다. 뭐랄까, 통독 후 서로 다른 사람들이 가장 많이 어울려 살고 있다는 점에 매력을 느낀 것 같기도 했다. 몇몇 친구들이 있어 도와줄 것이라는 확신에, 사실 어떻게 보면 무모하다고 할 수도 있었다. 하지만 베를린에서 나는 정신질환자를 위해 이런 업무를 하는 것을 경험할 수 있었다. 거의 무작정 간 곳에서 이런 경험을 해볼 수 있었던 것은 어쩌면 죽기 아니면 살기라는 나의 마음가짐이 선물한 것은 아닐까 하는 생각이, 지나고 나니 들기도 했다.

베를린에는 개인이 운영하는 정신질환자만 간호하는 기관이 있었고 또 뮌헨에는 가톨릭재단이나 기독교재단의 기관들이 일반환자와 함께 소수의 정신질환자들의 가정 치료와 간호를 하고 있었지만, 독일 전체적으로 전문화되어 실행되진 않았다. 이곳 베르게도르프 적십자사 기관의 여사장은 정신질환자들을 가정에서 간호하려고 해도 건강보험에서 정신과 전문간호사가 있어야 허락해 준다고 해서 지금까지 전문간호사를 찾고 있는 중이었다고 했다. 그러던 차에 내가 찾아갔고 나에게 이 임무가 맡겨졌다. 일반환자의 가정치료는 규모가 대단했다. 작은 도시인데도 이 기관에서만 돌보는 환자가 100명이 넘었다. 간호사와 간호조무사들이 2교대를 하면서 밤에도 대기근무를 했다. 독일 내에서도 이렇게 천차만별이었으나, 나는 이미 경험한 덕분에 일을 맡는 것에 대한 부담은 없었다.

나의 임무는 부서의 조직체계를 세워서 환자들을 방문하여 정신간호와 치료를 하는 일이었다. 이들은 입원치료를 받는 것이 아니고 질병으로 인해 잃어버렸거나 감소된 능력을 실생활에서 재생시키기 위한 재활 프로그램을 개인별로 처방받았다. 그러기 위해서는 우선 환자와 함께 생활치료를 하면서 개인별 프로그램을 구체적으로 만들어야 했다.

환자 중에 사회역사를 공부한 엘리트 출신에 30대 중반의 키도 크고 늘씬한 예쁜 여자가 있었다. 이 여성은 만성정신분열증으로 사회생활을 제대로 못해 직장도 유지하지 못했다. 나는 이 환자와 대화를 통해 사회에 적응하기 위한 구체적인 요법지침에 의학적인 치료지침도 겸해서 실행해야 했다. 즉 일상적인 삶의 현장에서 장보기, 집안청소, 서류정리, 관공서 가는 것, 직장 찾기에서부터 산보하기 등의 훈련을 하는 것이었다. 물론 하루 종일 한 환자만 간호하는 것은 아니고 건강보험에서 정해진 시간과 분량에 따라, 예를 들면 투약에는 5분이 주어지고 그에 따른 보수가 정해져 있다. 이처럼 주간 실행계획서를 나의 기관에 보고하면 기관은 건강보험회사에 청구한다. 젊은 환자들에게 재활 프로그램을 장려하는 것은 젊은이들을 사회에 복귀시키기 위함이고 이를 위해 도전적인 다양한 프로그램들이 만들어져 있었다.

또 한 환자는 76세 되신 할머니였는데 아마도 젊어서 직업이 매춘이었는지, 나를 보면 중국에서 온 매춘여성인 줄 알고 빗자루나 막대기를 들고 쫓아내며 방에 들여놓지 않으려 해서 할머니와 한바탕 씨름을 해야 방에 들어갈 수 있었다.

시간이 흘러서 체계가 잡히고 환자들과 정도 들고 제법 삶의 리듬이 생겨가고 있을 무렵이었다. 물론 나는 혼자 지내기가 힘들어 끙끙대며 많이 외로워했다. 그래서 외로움을 느끼지 않으려고 하루의 계획을 단단하게 세워 이를 악물고 그 계획을 실행하려 했다. 또 나는 자전거타기를 좋아해서 점심으로 보리빵과 물을 보자기에 싸서 자전거 뒤의 싣고는, 양쪽에 포플러나무가 줄지어 서 있는 엘베강의 아름다운 아치형 길을 따라 약 13킬로미터의 거리를 쉬엄쉬엄 풍광을 구경하면서 갔다 오곤 했는데, 돌아오면 마음과 몸이 한결 가벼워졌다.

그러던 어느 날 상상도 못한 일이 일어났다. 헤어진 남편에게서 연락이 온 것이다. 그와 다시 만나 이런저런 이야기를 하던 중, 남편은 다시 한번 살림을 합치고 노년을 함께 지내자고 했다. 제안을 받은 나는 결정하기가 두려웠고 무서웠다. 그렇지만 남편도 이제 많이 늙어서 머리는 벗겨지고 얼굴에는 주름이 가득하고 손등에서는 세월이 읽혀졌다. 그 모습을 보고 있노라니 내 마음도 어느새 누그러졌다. 부부는 늙으면 정으로 산다는 말을 떠올리며 서로 배려하면서, 노력하면서 살자고 했다, 웃음과 함께.

지금 내가 사는 곳은 뮌헨에서 35킬로미터 떨어진 곳이다. 몇 집 건너 길만 건너면 들판이 나오는 시골동네다. 소들이 한가로이 풀을 뜯고 있는 전원의 풍경이 한눈에 들어온다. 한국이 나를 이방인으로 만들고 독일이 나를 이주민으로 만들었다 해도 지금은

이주여성으로 산다는 것

지구 반 바퀴를 돌아 제자리에 돌아왔다. 1973년 처음 독일에 왔을 때 간 곳이, 지금 사는 데서 15킬로미터 떨어진 바드 아이블링이라는 곳이다. 나의 몸과 마음이 고향을 만났나 보다. 바이에른의 사투리가 전라도사투리처럼 정이 가는 걸 보면. 투박하고 무뚝뚝한 농부들의 숨소리를 들으며 나는 미소 짓는다. 클리마티스처럼 죽을 때까지 엉키는 수밖에.

설탕빵과
돌바위

김-아베 양순

내가 태어난 곳은 "꽃피는 산골, 복숭아꽃 살구꽃 아기진달래, 울긋
불긋 꽃대궐 차린 동네", 그리운 동네 나주다. 봄이면 친구들과 나물
바구니를 이고 나물 캐러 다니고, 뙤약볕이 내리쬐는 여름이면 나
무그늘 아래 누워 씽씽 울어대는 매미소리 들으며 세상만사 다 잊
고 낮잠을 자고, 그리고 가을이면 단풍이 아름답게 물든 산과 들판
을 뛰놀며 풍성하게 열리는 밤과 감을 기다렸다. 또 추운 겨울이 되
면 따스한 온돌방에 식구들과 오순도순 모여앉아 마음과 몸을 부
대끼며 정을 나누었다. 그렇게, 철없던 유년시절의 나는 '인생은 이
렇게 흐르나 보다' 생각하며 인생의 다른 길들을 전혀 예측하지 못
하고 있었다.

　　우리 큰언니는 식구들의 반대를 무릅쓰고 원하는 사람과

결혼하지 못하면 죽어버리겠다 협박을 했었다. 결국 식구들은 두 손 두 발 다 들고 승낙하고 말았다. 반면 큰오빠는 엄마의 뜻에 따라 착한 시골처녀를 부인으로 맞이했다. 그러나 나는 그때까지도 어린 마음에 세상 모르고 행복하게 살았던 모양이다. 형제자매의 인생길은 이렇게 저렇게 한 편 두 편으로 연결되어 가는데, 나는 내 인생이 어떻게 흘러갈까 같은 건 생각하지 않았다.

다른 세상과 현실이 있구나 하고 눈을 뜨게 된 것은 열두 살 때였다. 여덟 살 때 아버지가 병환으로 일찍 세상을 떠난 이후로는 큰오빠와 어머니가 집안의 모든 중요한 일을 결정했다. 오빠가 동생들을 시골뜨기로 놔두고 싶지 않다며 어머니와 의논 후 전라남도에서 가장 큰 도시인 광주로 이사를 하게 되었고, 나는 어머니와 오빠의 바람에 어긋나지 않는 착한 학생이 되어야겠다고 결심을 했다. 그러나 나의 마음은 꿈나라의 허공에서 날고 있었고, 해서 현실에 실망하는 일도 잦았다.

물론 나의 세계 안에 만들어두었던 나만의 아름다운 궁전에서 지내는 상상을 할 때면, 마음이 슬프고 괴로운 순간에도 그리 어렵지 않게 시간을 보낼 수 있었다. 사춘기 때의 나는 현실을 생각하기보다는 잔디밭에 누워 하늘을 보며 망상에 젖거나 풀향기며 진하고 매력적인 장미향기, 달콤한 아카시아 향기를 맡으며 풍성한 자연 속에서 행복을 만끽했다. 네잎 클로버를 발견하면 내 행운에 대해 생각했고 주변환경과 상관없이 꿈속의 어린아이로 남아 있는 듯한 시절이었다. 열심히 공부해야 하고 뭐든지 잘하고 착하고 부지런하게 살아 가족들이 바라는 사람이 되어야 한다고 곁에서 항상 일러주던 말씀들이, 어쩌면 나를 막연한 꿈에서 벗어나 현실과 내 꿈 사이의 간극을 직시하게 했는지도 모르겠다.

나는 좋은 남자친구를 만나 강가에 놀러 가고 국화밭을 걷고 손잡고 코스모스 길을 걸으며 오순도순 이야기하는 상상에 빠져 있었지만, 이런 나의 꿈은 어머니가 말씀해 주신 여자의 길과는 분명 달랐다. 그저 시집 잘 가서 가정을 꾸리고 남편 잘 받드는 것이 여자의 길이라 하셨다. 나는 소녀의 꿈에 빠져 있었으되 스스로 결정하고 내가 좋아서, 내가 하고 싶어서, 그래서 스스로 경험해 보면서 사는 삶을 꿈꾸었다. 사람들이 말하는 삶의 기준들, 이렇게 사는 것이 좋고 이렇게 해야 좋은 것이고 여자의 삶은 이런 게 좋은 것이며 남편은 이런 사람을 골라야 한다 등과 같은 말들은 나의 의사를 배제한 채 항상 내 주변을 맴돌았지만, 이국적인 삶에 매력을 느낀 나는 틈만 나면 외국 영화며 소설, 의상들을 바라보며 내 꿈속에서 살아가는 시간을 가지곤 했다.

이렇게 현실과 꿈 사이를 오가며 간호고등학교를 마치고 난 어느 날, 독일로 올 수 있는 길이 트였다. 살기 힘든 메마른 현실에서 혼자만 꾸었던 소녀의 꿈을 구체적으로 실현해 볼 수 있는 새

이주여성으로 산다는 것

로운 기회가 온 것이다. 그때의 현실에서 벗어나고 싶었던 내 확고한 생각에 해결책이 찾아왔다. 어린 새가 새장 안에서 자라면서 세상은 이렇고 이렇게 사는 것이 좋고 이렇게 해야 좋은 것이고 여자의 삶은 이런 게 좋은 것이고 남편을 잘 고르려면 이래야 한다고 들었던 삶의 길이라 할지라도 그 방법만은 내가 원하는 대로 내가 좋아서 하고 싶은 대로 스스로 경험해 보고 싶었던 나에게 그러한 길을 열어볼 수 있는 기회가 온 것이었다.

김포공항을 떠나오던 날, 눈물 젖은 어머니의 얼굴이 내 가슴을 아프게 하였으나 어쨌든 식구들과 아름다운 산천을 떠나올 수 있었던 것은 내 미래에 대한 희망을 가졌기 때문이었다.

독일에 도착했을 때가 봄날이 한창인 오월이라 따뜻한 날씨에 여기저기 꽃들이 만발했고, 푸르른 잔디 사이로 꽃들이 손짓하며 나를 불렀다. 그 속에서 나는 어린 시절 꿈꾸던 곳을 찾은 것처럼 진한 감동을 느꼈다. 이제야 현실에 구애받지 않고 자유롭게 자연을 음미하는 자신을 느끼며 행복해했다. 그때 느꼈던 길가의 재스민 꽃향기의 황홀함은 40여 년이 지난 오늘에도 내 코끝에 여전히 남아 있다.

스무 살, 이 젊은 처녀를 외국에 풀어놓았으니 난리가 났다. 그동안 하고 싶어도 할 수 없었던 일들을 시작했다. 사춘기 때 해보고 싶었던 방황, 이런저런 사랑을 느끼며 해보고 싶었던 연애, 내가 원하는 대로 예쁘게 단장하고 다녀보고 싶고 매사에 순종하며 착하게 지내고 싶지만은 않았던 것들을 독일에서 해보고 싶었다. 근무가 끝나기 바쁘게 시내에 나가 예쁜 옷들을 구경하며 얼마나 흥미진진했는지 모른다. 미니스커트를 입고 싶어서 살을 빼기로 마음먹고, 그래서 아침빵에 버터 바르는 것도 조심하고 커피에 넣는 우유와 설탕 양도 조절했다. 멋진 옷이 보이면 절약하여 사기도 했고, 가끔 밤에 젊은이들이 우글대는 디스코장에 가서 청년들과 대화를 나누다가 마음이 설레고 이성에 눈을 뜨는 것인가를 느끼기도 했다. 독일에 온 지 얼마 지나지 않아 운전면허증을 따서는 차를 몰고 고속도로를 마음껏 달릴 땐, 내 인생의 행복을 만끽하며 오랫동안 그 속에 머물고 싶었다.

그렇게 젊음을 즐겁고 행복하게 지냈던 시절이 지나가면서 나에게 또 다른 인생의 길이 찾아오는 것은 막을 수 없었을 테다. 남편을 만나게 되었다. 그는 가족들이 그려주었던 인생의 반려자상을 나 자신이 잊어갈 즈음, 나를 진정으로 사랑해 주었으며 내가 진심으로 사랑하여 만난 사람이었다. 이 사람은 언젠가 다른 세상에 가보는 것이 꿈이라고 했다. 이미 배를 타고 일하면서 동양과 남아프리카에 가서 다른 삶의 매력을 맛보았던 적이 있는 사람이었으니, 아직 독일땅에 정착해 사는 것이 때가 안 된 듯도 싶었다.

이주여성으로 산다는 것

그러던 어느 날, 자기 인생에서 꼭 가보고 싶은 곳이 있다며 함께 그곳에 가지 않겠냐고 했다. 너무 아름답고 살기 좋고 미래가 있는 곳이라고 말했던 그곳, 브라질의 항구도시 리우데자네이루. 고국을 떠나온 나에게 새로운 세계를 열어주고 다른 세계를 시작하게 해준 독일이 나의 길이라고 생각하던 때였다. 그리고 이제 인생에 또 다른 길이 나타나 나의 결정을 기다렸다. 이 사람이 브라질이 좋다며 그곳에서 살고 싶다는데, 내가 그 곁으로 가…지 않으면 이 사람과 헤어져야 한다는 사실을 생각했다.

그리하여 나는 그를 따라 또 머나먼 세계, 내 삶에서 전혀 생각도 못해 봤던 나라로 가게 되었다. 그곳에서는 사람들이 어떻게 사는지도 알지 못한 채, 미처 준비도 하지 못하고 그가 먼저 가 있던 브라질땅으로 보따리를 옮겼다. 내가 브라질에 대해 알던 것은 학교에서 배운 대로 설탕과 커피가 많은 더운 나라이며 열대과일이 풍부하고 국민들이 낭만적으로 산다는 것 정도였다.

내가 그려왔던 꿈속의 삶과 자유를 찾아 도착한 독일에서 자리를 잡아갈 즈음이었다. 이제 또다시 다른 미래의 나라로 가기 위해 독일에서 이탈리아 항구도시 제네바로 가서 큰 여객선에 올라 그와 함께 2주에 걸쳐 배를 타고, 내 인생에서 이런 절경을 다 보는구나 생각했던 리우데자네이루에 닿았다. 새벽 4시경 배는 으레 새로운 곳에 이르는 낯섦과 함께 항구에 도착했다. 이 시간 즈음 동쪽 물 밑에서 시작하여 해가 솟아오르는데, 그 앞에는 거대한 돌바위가 있다. 리우데자네이루를 아는 사람들은 잘 알겠지만, Pao de Acucar(빵 지 아스카르, 설탕빵)와 Urca(우르카)라는 바위이다.

아직 깜깜한 새벽이라 그 돌바위들은 마치 산이 엎어진 것처럼 시커먼 모습을 드러내는데, 그 물 속에서 찬란한 햇빛이 솟아오르는 그 절경이란! 나도 모르게 마음이 설레기 시작했다. 이것이 미지의 나라에서 받은 첫 느낌이었다. 내 미래, 내 삶에 대한 희망을 약속하는 것 같았다.

이렇게 도착한 나는 남편과 세계에서 손꼽힌다는 아름다운 항구도시에서 새로운 삶을 시작하였다. 날마다 겪게 되는 새로운 일들. 브라질 기후로는 봄에서 여름으로 넘어가는 시기인 11월은 섭씨 40~45도 정도로 내 인생에서 처음으로 경험해 보는 무더운 계절이었다. 길을 걸으면 온몸이 땀으로 범벅이 되어 끈적끈적대는 통에 아무 가게나 들어가 땀을 말리지 않으면 견딜 수가 없었다. 그런데도 나에게는 모든 것이 다 새로웠던 덕에 더운 날씨도 잊어버리는 순간들이 많았다.

브라질사람은 매우 다양해서 누가 브라질 토박이인종인지 구분하기가 어려웠다. 그중에서도 까만 얼굴에 건강한 붉은빛 잇몸과 하얀 이를 드러내며 웃는 모습을 보면, 예전에 한국에서 보

이주여성으로 산다는 것

았던 영화에 나오는 사람들이 떠올라 한번 더 눈길이 가곤 했다. 샤워를 해도 옷만 입으면 금방 땀이 줄줄 흘러 나는 화장이 지워지거나 혹은 얇은 블라우스가 몸에 딱 달라붙지 않도록 조심해야 했다. 그리고 밤 10시 되어서야 시작하는 식당에서 남편과 저녁식사를 함께하며 이곳 풍습에 맞게 살려고 노력했다. 나는 아직 팔팔한 스물다섯 살이라 새로운 모든 것들을 익히는 것이 재미있었고 색다른 풍습들이 어렵게 느껴지지 않았다. 매일매일의 삶을 기다리며 살았다. 조용히 앉아 왜 내가 여기 와서 사는지, 왜 내가 이런 것들을 경험하고 있는지를 생각할 겨를도 없이 바쁜 하루하루가 지나갔다.

아름다운 해변을 끼고 있는 이 도시에는 만이 아홉 군데나 된다. 해변에서 들려오는 파도소리는 내가 어떤 곳에 와 있는지 실감케 했다. 밤이 되면 우리가 살던 아파트 16층에서 내려다보이는 항구도시는 찬란하게 빛나고 별빛에 비친 해안가는 은하수를 뿌려놓은 듯 황홀했다. 더운 바람이 내 볼을 스쳐가면 또다시 시작된 내 인생을 느끼며 마음이 설레었고, 앞으로 또 어떤 삶이 펼쳐질지 상상하곤 했다. 태어나서 자라온 나의 꽃동네, 고향을 떠나 꿈꾸었던 자유의 세계로 날아가 속 시원하게 날뛰면서 다른 세상을 맛보느라 정신없이 살았던 나의 꽃다운 처녀시절 그리고 브라질까지 가서 세 아이를 낳아 기르는 삶으로 이어졌다.

내가 아주 좋아했던 일상 중 하나는 일주일에 한번 서는 시장에 가는 것이었다. 적은 돈을 가지고도 여기서 생산되는 물품들, 아름다운 꽃, 지천으로 널린 열대과일과 야채, 싱싱한 생선을 사는 즐거움은 이루 말할 수가 없었다. 인심이 어찌나 후한지, 시장을 한바퀴 돌고 나면 사지도 않았는데 먹어보라고 잘라준 과일들로 이미 배가 부르다. 뜨거운 열기와 섞인 진한 시장냄새를 맡을 때면 새삼 내가 사는 곳을 진하게 느끼며, 미처 생각 못하고 살아온 삶의 요모조모를 본다. 모르는 사람인데도 쉽게 말을 건네는 경쾌한 마음의 자세에서 또 다른 인간세계를 들여다본다. 친절하고 예의바른 모습이 고향사람들과 비슷해서 마음이 편안해지는 것이, 인간관계가 쉽지 않았던 독일과 비교되었다. 이곳 사람들은 서로 잘 알지 못하는 상태에서 자기 집에 초대해 서로를 알아나간다. 그래서 나는 어렵지 않게 생활을 시작할 수 있었다.

　　사람들이 모이면 남자와 여자가 따로 모여앉아 도란도란 이야기를 나눈다. 대화내용도 서로 달라, 여자들은 주로 여행이나 유행하는 옷, 식모나 아이들 이야기를 하고 남자들은 사업이나 회사 이야기를 주로 했다. 이런 분위기가 처음에는 낯설어, 나는 여자들끼리 모인 곳에 있지 않고 남편 옆에 앉아 남자들의 이야기를 들으려고 애를 썼다. 하지만 언제부턴가 혼자 남자들 사이에 끼이는 것을 포기하고, 여자들과 함께 앉아 이야기를 나누었다. 처음에는 왜 이렇게 하릴없이 시간낭비하며 쓸데없는 이야기를 하는지, 좀

이주여성으로 산다는 것

진지한 이야기를 할 수 없는지, 하는 생각도 했다. 좀더 효율적인 대화를 하자는 것이 당시의 나의 사고방식이었던 것 같다.

이 나라 사람들을 차츰 알아가면서 그들의 방식을 이해하게 되었다. 그 더운 날씨에 매사에 크게 골치 아파하지 않고 또 자기 인생에서 취하는 자세에 대해 옳고 그름의 판단 없이 즐겁고 가볍게 살면서 행복해하면 되는 것 아닌가 하는 생각도 해보게 되었다. 다양함을 경험할 수 있었던 더운 나라에서의 생활, 나의 세번째 삶은 복잡하게 엉켜 있는 문제에서 스스로 헤쳐나오는 법을 배웠던 시간이었다. 하지만 하루아침에 바뀔 수는 없는지라, 나의 복잡한 생활들은 나만의 방식으로 나만의 세계를 구축하게 되었다. 아이들을 키우는 것만으로도 빡빡한 생활이었으나 나는 그 자리에 머물지 않고 사업에 뛰어들었다.

독일 먹을거리를 파는 조그마한 식료품점을 시작하였다. 한번도 해보지 않았던 일이었지만, 되레 더 열심히 공부하고 노력을 기울였다. 사업은 번창했다. 부지런하게 노력하면 많은 것을 얻을 수 있다는 자신감으로 가득했던 나는 요리책을 사서 매일 읽고 연구했다. 화장기 없는 얼굴에 머리는 꽉 묶고 앞치마는 더러웠지만, 나의 마음은 단단하고 머릿속은 훤하게 맑아서 뭐든 다시 보지 않아도 퍼뜩퍼뜩 생각나고 아침부터 저녁까지 아무리 뛰어도 힘든 줄 모를 만큼 펄펄한 힘을 막을 수 없었다.

그렇게 사업이 번창해 가고 내 꿈은 예전에 생각도 못해 보았던 곳에서 커나가고 내 마음은 또 저 높은 곳에 가 있었던 것 같다. 그것이 나의 운명이었을까? 그때를 지금 다시 생각해 보아도, 나는 아직 답을 찾지 못하고 있다.

　　그렇게 열심히 뛰어 일으켰던 사업이 몇 년 후 갑작스럽게 무너져 버렸다. 누구의 잘못이라고 말할 수 없이 나의 운명이라 받아들였으나, 나의 꿈이 무너진 그때를 생각하며 가슴 아파하던 수많은 세월들 또한 내 삶의 한 구절이다. 이렇게 한 여자로 태어나 처음에는 주어진 삶에 복종했고 꿈을 꾸었고 노력했고 싸웠고 그리고 이제 승리를 맛보았을 때 내 삶에 맺힌 열매가 영글어 이제 바닥으로 툭 떨어지는 것을 보면서, 나는 처녀 적 꿈꾸었던 삶을 기대치도 않게 이루었던 자유의 나라를 떠나왔다. 내 인생의 씁쓸함과 찬란한 절정을 모두 보여준 아름다운 나라 브라질에서 한 여자로, 한 인간으로 힘을 다해 뛰며 용감하고 아리따운 젊음을 만끽했던 시절, 풍부한 자연의 선물을 받은 세상에서 만끽했던 나의 행복한 시절을 뒤로하고 나는 다시 독일로 돌아왔다. 브라질에서 14년이 지난 후였다.

　　오랜 기간 추운 겨울을 모르고 살다가 12월 독일땅에 도착했을 땐 어떻게 해야 추위를 견뎌낼 수 있을까 골몰했다. 두툼한 겨울옷을 사러 다니는 것도 쉽지 않았다. 가격을 어느 기준에서 보아

　　　　　　　　　　　　　이주여성으로 산다는 것

야 할지도 모르겠고 상점에 가면 내가 멀리하면서 살아왔던 물건들이 너무 많아 골치가 아파왔다. 무뚝뚝한 독일사람들의 겉모습 앞에 서면 브라질사람들의 모습과 비교하면서 내 마음은 다시 브라질땅으로 돌아갔다. 날씨가 추우면 더운 날 해변에 누워 태양을 즐기던 때를 떠올렸다. 친절하고 쉽게 사는 사람들, 자유롭게 일하며 사업했던 시절, 이웃들과 맘 편히 터놓고 지내었던 시간들. 이제 세 아이와 남편과 함께하는 삶은 혼자만 감당하면 되는 것이 아니었던 탓에 되레 더 쉽지 않았다. 브라질에서의 삶에 이미 익숙해져 있었고, 따뜻한 날씨만큼이나 따사롭고 활기찬 그곳에서 계속 뛰고 싶었다.

내 숙명은 왜 이리도 설명할 수 없는 방식으로 삶을 바꾸어 놓아 마음에 상처를 주는가, 생각했다. 슬픈 마음 때문에 많은 시간과 노력이 필요했다.

15년 후 다시 시작한 간호사 일도 나에게 시련을 안겨주었다. 독일로 옮겨온 지 2주 만에 다시 시작한 일에 나는 잘 적응하지 못했다. 외과병동은 의사가 너무 많아 각 의사들의 처방과 치료방법을 모두 파악하기가 쉽지 않은데다 나는 이미 많은 것들을 잊어버렸던 것이다. 혈압을 재는데 혈압지수를 들을 수 없을 정도로 귀가 먹먹했다. 수간호사가 환자에게 약을 가져다주라고 했을 땐 약 이름을 기억하지 못해 묻고 또 물었다. 몇 분만 지각해도 꾸중을 들으며 독일생활을 절감했다. 이처럼 나는 간호사 일을 너무 못해서 월급 받을 염치가 없어 병동의 허드렛일을 나서서 열심히 했다. 그렇게 시간을 보내다 보니 조금씩 인정을 받아 병원에서 쫓겨나지도 않았다.

　　내 머리는 아직도 브라질 생각으로 가득 차 있었고, 독일생활이 서툴러 전차를 거꾸로 타고 몇 번을 돌아가기 일쑤였던 하루하루가 힘겨워 마음이 괴로울 때가 한두 번이 아니었다. 그러던 어느 날 문득 아이들이 눈에 들어왔다. 아이들 앞에서 슬픈 표정을 지어서는 안 된다, 항상 당당한 엄마로 열심히 살아야 한다고 다짐을 했다. 부지런히 요리하고 청소하고 병원근무를 섰다. 혼자 있을 때면 가슴이 아파 눈물을 펑펑 쏟고는 부어오른 눈을 찬물로 가라앉히고 새로 화장을 했다. 아이들 앞에서 못나고 슬픈 엄마의 모습을 보여주고 싶지 않아 안간힘을 다해 나를 닦고 나 자신에 충실하려고 노력했다. 경제적인 문제에서 헤어나오기 위해 수당이 많은 야간근무도 자처했다. 이렇게 힘겹게 버텨나갔던 시간들이 지나가고 아이들은 잘 커주었다. 내 마음도 안정되어 갔다.

　　다시 돌아온 독일에서의 시간도 어느덧 22년이 지났다. 이제 나는 힘겨웠던 시절 그렇게 그리워했던 삶으로 돌아왔다. 다시 사랑하는 남자와 오순도순 정답게 한 지붕 밑에서 살며, 현실에 당당히 맞서기 위해 단단해졌던 내 마음을 걱정 없이 푹 풀어놓을 수 있는 보금자리로 들어왔다. 행복하면서도 마음이 아릿해져 나도

　　　　　　　　　　　　　　이주여성으로 산다는 것

모르게 눈시울이 붉어진다.

　　이제 할머니가 된 나는 식구들 13명이 모두 모이는 손주들의 생일잔치에 마주 앉는다. 된장국, 김치, 상추, 쑥갓이 맛있다고 잘들 먹는 식구들이 사랑스럽고 고마워 마음이 흐뭇해진다. 이제 나는 다시 꿈을 꾸기 시작한다.

날아라, 세종학교

김-헬터호프 영옥

아버지가 갑작스레 돌아가신 후 나는 대학입시 준비를 포기하고 가족들의 생계를 위해 간호보조원으로 독일에 가는 길을 택했다. 1972년 10월에 독일에 도착한 뒤 3년간의 간호교육을 마치고 국가시험을 거쳐 정식 간호사가 되었다. 그 이후 독일인 남편을 만나 가정을 이루고 두 아들의 어머니로서 평범한 삶을 살아왔다.

그런데 어느덧 중년에 접어들었을 때 인생에 새로운 전환기가 찾아왔다. 큰아이에게 한글을 가르치려고 한인학교를 찾아갔다가 몇 달 뒤 '세종학교'를 설립하는 데 동참하게 된 것이다. 열정으로 시작한 일이 결국 15년여의 세월을 부이사장으로, 교감으로 그리고 교사로 살게 했다. 독일에 올 때만 해도 간호사 이외의 다른 일을 하게 되리라고는 전혀 생각지 못했는데 독일사회에 뿌리를 내리면서 2세들의 교육에 관심을 가지게 되었고, 그 일에 직접 뛰어들

이주여성으로 산다는 것

게 된 것이다.

　세종학교는 두 가지 점에서 여느 '한글학교'들과 달랐다. 정부의 지원을 받지 않고 학부모들이 힘을 모아 자치적으로 운영하는 민족학교라는 점과 빨갱이학교라는 수식어가 종종 따라다닌다는 것이다. 이러한 특수성 때문에 세종학교는 나에게 어머니로서 자녀들에게 어머니의 나라에 대해 알려줄 수 있는 기회와 소통의 장(場)이자, 조국의 분단된 현실과 끊임없이 내적으로 마주하게 만들었던 근현대사의 안타까운 축소판이기도 하다. 이제부터 세종학교 이야기, 경계의 눈초리와 제한된 지원 속에서도 아이들에게 한글과 한국의 문화를 통해 한국인으로서의 정체성을 알려주고자 고군분투했던 그 이야기를 전하고 싶다.

　세종학교는 1993년 3월 26일 베를린 슈판다우(Spandau) 구에 있는 하인리히-헤르츠고등학교(Heinrich-Hertz Oberschule)에서 문을 열었다. 30여 명의 학부모와 교민들이 뜻을 모아 1992년 12월 샤를로텐부르크 구 법정(Amtsgericht Charlottenburg)에 사단법인체(e.V.)으로 등록하였고, 우여곡절 끝에 이듬해 4월 23일부터 수업을 시작하였다. 장소는 슈판다우 구청의 도움을 받아 독일 학교건물을 무료로 사용하였고, 학생모집은 우체국에서 발간하는 두꺼운 전화번호부를 밤새워 뒤져가며 마치 모래 속에서 진주를 찾아내듯 한국인 이름을 골라내어 연락하고 발품을 판 결과 개교 당시 입학생이 40여 명에

달했다.

　　학생들은 월요일부터 금요일까지는 독일학교에서 정규교육을 받고, 금요일 오후 3시부터 7시까지 한국 말과 문화를 배우러 세종학교에 왔다. 교육과정은 크게 두 가지, 언어와 문화로 나뉘었다. 언어교육에서는 문교부 지정 초등학교 교과서를 바탕으로 한국어수업이 진행되었고 문화교육에서는 주로 한국 고전춤과 풍물, 붓글씨 등을 가르쳤다. 그리고 학급은 언어능력과 나이에 따라 유치반부터 성인반까지 다섯 반으로 편성되었다. 선생님들은 공개모집을 통해 채용하였는데 결과적으로 대부분 베를린에서 공부하는 유학생들이었다. 교사를 채용할 때 가장 결정적인 것은 학생들의 의견이었다. 서류심사를 거친 지원자는 반드시 한 시간 시범수업을 해야 했고 이를 통해 학생들은 자신들과 가장 잘 맞는 선생님이 누구인지 직접 판단하는 기회를 가졌다. 수업료는 개교 당시 성인은 월 60마르크, 학생은 50마르크, 형제가 함께 배울 경우에는 둘째 아이부터 30마르크였다.

　　그런데 우리는 왜 세종학교를 만들어야 했을까? 특히 베를린에 다른 한인학교가 이미 있는데. 세종학교를 세우게 된 이유나 목적을 단편적으로 설명하기는 어렵다. 세종학교의 설립에는 한국과 독일의 시대적 배경과 여러 상황들이 만들어낸 다층적인 이유와 요구들이 켜켜이 복합적으로 맞물려 있었기 때문이다.

이주여성으로 산다는 것

먼저, 실질적인 발단이 된 것은 당시 베를린 한인학교 교장이었던 김선생님의 퇴진이었다. 오길남사건에 연루된 간첩이라는 소문이 한인사회에 퍼지면서 교장직에서 물러나게 된 것이었다. 당시 상황이 아직도 기억이 난다. 큰아이의 손을 잡고 처음 한인학교를 찾아간 지 며칠 지나지 않아 임시총회가 열렸다. 회의장에 도착해 보니 격앙된 고성이 오가고 분위기가 험악했다. 많은 학부모들과 교민들은 간첩누명을 쓰고 있는 사람에게 교장을 계속 맡길 수 없다며 해명과 퇴진을 요구했고, 몇몇 운영진은 확실치도 않은 소문을 가지고 사임 운운하느냐고 팽팽히 맞서고 있었다. 김 교장 선생님은 아무 말 없이 그 자리를 떠났다.

그날 나는 처음 김선생님을 보았고, 남북분단의 한가운데 끼여 있는 사람을 처음 그렇게 가까이서 접해 보았다. 나는 무엇이 진실인지 모르는 상태에서 마음이 착잡하여 아이를 학교에 더 이상 보내지 않기로 했었다. 그러나 당시의 상황이 나와 같은 초짜 학부모들한테는 그저 의문으로만 그치는 문제였지만, 간첩이란 의혹을 떠안고 학교를 떠나야 했던 김선생님과 그와 뜻을 같이했던 몇몇 운영진과 교민들에게는 새로운 학교를 만들도록 고민하게 하는 도화선이 되었다.

그 다음, 새 학교를 세워야 할지를 결정하는 단계에서 가장 핵심적으로 떠올랐던 설립이유는 바로 한국공관의 영향에 종속되지 않는, 민주적이고 현지에 맞는 교육을 할 수 있는 자치적인 학교의 필요성이었다. 당시 한글학교들은 장소를 구하거나 소정의 지원을 받기 위해 반드시 공관의 날인이 필요했다. 이 때문에 공관의 권위적 태도와 간섭을 어느 정도 감수해야 하는 것은 당연한 일이었다. 나는 몇몇 지인들의 소개로 공개회의 자리에 참석하게 되었는데, 그 취지에 공감하여 새로운 학교의 설립에 찬성하고 실제적인 준비에 동참하기로 했다. 나를 비롯하여 새로운 학교설립에 대한 논의에 참여했던 사람들이 무엇보다 공관의 간섭을 받지 않는 자율적인 학교를 원했던 것은, 아마도 80년대 이후 한국의 시대적 충돌과 변화를 지켜보면서 우리의 정치적·역사적 인식이 서서히 바뀌고 있었던 것과도 맥이 닿아 있었던 것 같다.

　　1960, 70년대에 독일에 온 대부분의 교민들은 간호사와 광부로 취업이민을 온 평범한 사람들이었고, 어릴 때부터 귀에 못이 박이도록 반공교육을 받고 자랐고 권위주의적 국가관에 길들여져 있었다고 해도 틀린 말은 아닐 것이다. 그러나 그들 중 적지 않은 사람들이 독일의 사회민주주의적 복지사회를 온몸으로 경험하면서, 또한 한국의 민주화 요구시위에 대한 소식을 외신과 친지들을 통해 접하면서 기존의 정권들을 비판적으로 바라볼 수 있게 되었고, 조국이 민주적이고 합리적인 국가로 거듭나기를 열망하며 연대하고자 노력하는 흐름을 만들어가고 있었다. 그리고 자신들 속에 체화된 반공이데올로기에 대해 서서히 물음표를 던지고 새로운 관점에서 성찰하게 되었다. 그런 한인사회 내의 변화의 한 물줄기는

　　이주여성으로 산다는 것

1980년 광주에서 시민들이 군에 의해 학살당했다는 소식을 접한 뒤 충격을 받고 한국의 민주화운동을 지지하고 성원해 온 것이었다. 한국에서는 아무 정치적 관심이 없던 나도 우리 근현대사가 가진 어두운 면도 보게 되고 한국의 역사와 정치를 좀더 다각적이고 심층적으로 이해할 수 있게 되었다.

이러한 인식적 변화배경을 가진 우리에게는 학교도 더 이상 비민주적이고 권위주의적이어서는 안 되었다. 그러나 공관의 지원에 의존하는 학교는 학습내용이나 운영 면에서도 독재시대의 것을 답습하는 습관성과 제한성을 완전히 벗어나기 어려웠다. 그래서 우리는 학부모들이 자치적으로 운영하는 새로운 대안적 학교를 만들자고 두 팔 걷고 나서게 된 것이다. 결국 뿌리를 들여다보면, 한국의 민주화운동과 민주적 발전이 바다 건너 사회민주주의 복지 국가라는 신천지나 다름없던 독일에서 제2의 사회적 성장을 해나가고 있던 동포들에게 미친 여파가 세종학교의 탄생에 보이지 않는 토대가 되었다고 말할 수도 있겠다.

이외에도 또 하나의 시대적 상황이 새로운 학교의 설립을 강력히 요구하고 있었다. 그것은 우리가 발붙이고 살고 있던 통일 직후 독일의 예기치 못했던 상황이었다. 1990년대 초 독일은 동서독의 장벽이 무너진 기쁨이 식기도 전에 신나치의 출현과 외국인혐오증이라는 사회문제를 맞닥뜨렸다. 1992년 신나치들이 독일

북동부 로스토크-리히텐하겐(Rostock-Lichtenhagen)에서 망명신청자들의 수용소와 100여 명의 베트남 이주계약노동자들이 살고 있는 아파트에 불을 지르는 대규모 소요사태가 일어났다. 그 폭력사태에는 수백 명의 극우 나치세력이 동원되었고, 3천 명이 넘는 사람들이 박수를 치며 방관하고 있었다. 이것은 2차 세계대전 이후 유례없는 인종차별적인 사건이었다. 20여 년이 지난 지금까지도 여전히 남아 있는 외국인혐오증은 당시 외국인들에게 엄청난 위기감과 두려움으로 다가왔고 외국인자녀들이 학교에서 실제로 크고 작게 겪고 있는 문제였다.

우리는 외국인으로서 겪는 차별과 어려움을 극복하기 위해서는 자신의 정체성을 제대로 발견하는 것이 중요하다고 보았기에, 2세들에게 한국의 말과 문화를 가르쳐 실질적인 도움을 주고 싶었다. 그러나 가정에서는 이것이 너무나 한계적이었다. 특히 대부분 한-독가정을 이루고 있던 우리에게는 자녀에게 한국말을 체계적으로 가르친다는 것이 마음뿐이지 사실상 거의 불가능했다. 한-한가정에서는 부모가 모두 한국사람이기에 한국어로 말하는 것이 일상적이고 자연스러웠지만, 한-독가정에서는 보통 대화언어가 독일어이다. 아이들의 입장에서는 한국어가 학교에서 필요한 언어도, 온 가족이 공유할 수 있는 언어도 아니기 때문에 한국어를 배울 이유가 딱히 없었다. 어머니들이 의지를 가지고 가르쳐보아도 중간에 포기하기 십상이었다. 거기에다 한국문화까지 제대로 전달하고자 한다는 것은 그야말로 욕심일 뿐이었다. 따라서 우리에게는 학교라는 체계적인 틀이 무엇보다 절실했다. 그리고 그 학교에서 우리 아이들에게 우리의 말과 문화를 잘 가르쳐주고 싶었다. 개교 이후 세종학교 학생의 90% 정도가 한-독가정의 자녀였다는 사실은 이것이 한-독가정 부모들의 공통된 심정이었다는 것을 뒷받침해 준다.

이렇듯 여러 가지 상황과 이유들을 배경으로 해서 우리는 세종학교의 문을 열었고, 강산이 두 번 바뀔 만한 세월 동안 운영해 왔다. 세종학교를 운영하는 동안 가장 걸림돌이 되었던 것은 역시 교장이 간첩인 학교, 북한에서 돈을 받아 가르치는 학교라는 비방이었다. 보이지 않는 이념적 분열의 골이 존재하는 한인사회에서 이것은 학교운영에 근본적인 어려움을 초래했다. 많은 학생들과 학부모들이 그런 비방을 듣고 세종학교를 떠나갔다. 그럴 때면 세종학교는 마치 하나의 소외된 섬 같았다. 남북이 갈라져 있는 상황에서 한국뿐 아니라 재외 한인사회 내에서도 원하면 언제나 괴력을 행사할 수 있는 그 이념적 적대감이 만들어버린 작은 섬.

우리가 그토록 많은 시간과 노력을 쏟아부었는데도 단지 김선생님 개인을 둘러싼 소문만 가지고 세종학교를 빨갱이학교라고 서슴없이 꼬리표를 붙이는 사람들을 보면 다시 원점으로 돌아가는 것 같고 불거진 오해를 어디서부터 어떻게 풀어야 할지 막막해지곤 했다. 소수이긴 하지만 그런 오해의 시선들은 지금까지도 존재한다. 그러한 편견들을 접하면 안타깝고 씁쓸하다. 그러나 결코 허무해지지는 않는다. 왜냐하면 세종학교가 어떤 학교이고, 어떻게 운영되었고, 교육내용이 무엇이었는지, 학교 분위기가 어떠했는지 그리고 학생들에게 어떤 의미가 되었는지 학생들 자신과 선생님들, 또한 우리 학부모들은 알기 때문이다.

세종학교는 원래 추구한 바대로 학부모들과 교민들에 의해 민주적이고 자치적으로 운영된 학교이다. 학교 관련 모든 일들은 대화와 토론을 통해 결정되었다. 행정적으로 보면 이사장, 부이사장, 총무, 서기, 재무를 축으로 하는 이사회와 교장과 교사들이 축이 된 교사진으로 구성되어 있었다. 운영에 관한 법적인 모든 책임은 독일의 사단법인체 규정에 따라 교장이 아닌, 이사장과 부이사장 총무에게 있었다.

운영진은 대부분 한-독가정의 한국인 어머니들로 이루어졌는데 독일인 아버지도 두세 사람 있었다. 그들은 한국인 아내가 세종학교를 통해 자녀에게 어머니 나라의 말과 문화를 가르치는 것을 적극적으로 지지하고 발로 뛰면서 실질적으로 많은 도움이 되어주었다.

학교 운영과 수업에 관한 모든 사안은 한 달에 한번 열리는 교무회의에서 논의하였고 문제가 있으면 함께 해결방안들을 찾

이주여성으로 산다는 것

아나갔다. 평소 교무회의에서 다루었던 안은 주로 어떻게 하면 아이들에게 한국어를 배우고 싶은 동기를 지속적으로 부여할 수 있는가, 각 반 학생들의 한국어실력이 천차만별인데 어떻게 수업을 효과적으로 할 것인가 하는 문제들이었다. 교장선생님도 수업이나 학교행사와 관련하여 항상 모든 선생님들의 의견을 수렴하였고 좋은 의견이 있으면 적극적으로 수용했다.

이렇게 민주적 의사결정 과정을 중요시했던 세종학교에서는 학생들의 목소리가 빠지지 않았다. 학생들과 관련된 일에는 반드시 학생들의 생각을 물었고 그들의 의견을 존중하는 방향으로 결정을 해나갔다. 세종학교는 그렇게 운영진과 교사진 그리고 학생들이란 세 축이 함께 소통하고 참여하여 만들어나간 학교였다.

학교 운영비는 기본적으로 학비, 회비 그리고 약간의 후원비로 충당하였다. 재정이 늘 빠듯했기에 기회가 될 때마다 거리축제에 나가 한국음식을 만들어 팔기도 하고 독일의 관공서에 지원요청을 해보기도 하였다. 외부의 도움이 거의 없었지만 베를린시와 한국의 재외동포재단으로부터 지원을 받았던 적이 있다. 개교를 준비할 때 우리는 학교기구를 살 돈이 절실히 필요했다. 베를린 외국인담당관에게 도움을 청했고 그녀는 외국인을 위한 예산에서 복사기, 오디오, 키보드 등을 살 수 있는 돈을 기꺼이 지급해 주었다. 베를린에 너무나 많은 소수민족들이 있기에 우리를 지속적으로 도울 수는 없다고 했지만, 그가 우리 문제에 귀를 기울여주고 학교기구를 마련할 수 있도록 예산을 지급해 준 것은 당시 학교를 세우는 데 큰 힘이 되었다.

그리고 재외동포재단으로부터는 2000년대 초 필요한 물품을 신청하라는 연락을 받았었다. 이전에는 한국정부로부터 아무런 지원이 없었는데 재외동포 정책이 바뀌었는지 1997년 재외동포재단이 설립되었고, 이 기관은 세계 여러 나라에 있는 한글학교를 지원하기 시작하였다. 우리도 그 혜택을 보게 되어 수업용 책자를 비롯하여 문화수업에 필요한 장구, 풍물도구와 옷들을 지원받았다. 일회적으로 끝나긴 했지만 어떻게든 고비고비를 넘기고 있던 우리에게는 그것도 무척이나 요긴한 도움이었다.

다만 내내 아쉽고 부러웠던 것은 일본정부의 재외국민에 대한 지원이었다. 우리가 자주 만나던 일본여성모임을 통해 알게 된 사실인데, 일본정부는 외국에 있는 자국민의 자녀들을 위한 학교에 정규교사를 파견하고 체계적이며 지속적인 지원을 하고 있었다. 그래서 일본인학교는 한인학교들처럼 재정에 허덕일 이유도 없고, 학교건물 때문에 이사 다니거나, 매번 제대로 된 교사를 찾기 위해 시간과 노력을 들일 필요도 없다고 했다. 국력의 차이 때문이었는지, 재외동포 정책의 부재 때문이었는지, 왜 우리 조국에서는 700만 해외동포들이 있는데 이런 정책들을 실현시키지 못할까 하는 안타까움이 늘 있었다. 어찌되었건 모든 한인학교들이 한국정부로부터 광범위하고 지속적인 지원을 기대할 수 없는 상태에서

이주여성으로 산다는 것

이래저래 우리는 재정을 자치적으로 해결하며 세종학교를 운영해 나갈 수밖에 없었다. 그래도 그렇게 오랜 세월 버텨올 수 있었던 것은 지칠 줄 모르던 학부모들과 선생님들의 열정과 헌신이 있었기 때문이 아닐까 싶다.

그러면 운영 면에서는 민주적이고 자립적인 방식을 고수했던 세종학교가 교육 면에서는 어떤 학교였을까.

세종학교는 설립목적대로 한국의 말과 문화를 가르치는 데 주력한 학교였다. 무엇보다 문화교육을 교육과정의 중요한 한 축으로 포함시킨 것은 세종학교만의 특성으로, 당시 다른 한인학교나 한글학교와 뚜렷이 차별되는 점이었다.

문화반의 성과는 시간이 갈수록 놀라웠다. 개교 첫해부터 한국의 전통춤을 배운 학생들은 슈판다우를 비롯한 베를린의 여러 구(Bezirk)들에서 개최되는 행사와 축제에 초청되어 공연을 하기 시작했다. 예를 들어 베를린문화카니발(Karneval der Kulturen), 슈판다우 인터내셔널(Internationales Spandau), 쇠네베르크 시청(Rathaus Schöneberg)과 문화제작소(Werkstatt der Kulturen)에서 주관한 아시아평화주간 등에서 한국의 춤을 선보였다. 여러 해에 걸쳐 보여준 활발한 활동이 독일에서 폭넓은 호응과 함께 한국문화에 대한 관심을 불러일으키면서, 2000년에는 고전무용반과 장구반이 하노버 엑스포 폐막공연을 장식하기도 했고, 2002년 월드컵 때는 한국 대 터키 전 그리고 한국 대 독일 전에 초청을 받기도 하였다. 전문적인 기량을 전수받기 위해 한국을 방문하여 김덕수사물놀이패에서 지도를 받은 문화반은 2003년 베를린-브란덴부르크음악경연대회(Musica Vitale)에서 90개 참가팀 중 최상위 25개 팀의 하나로 선발되어 그 음악성을 인정받았다. 그 이후 독일의 유수한 도시들뿐 아니라 룩셈부르크에서도 공연을 했다.

바라는 것 없이 그저 한국의 문화를 가르쳐보겠다고 시작한 일이었는데, 우리 아이들이 훌쩍 커서 어느새 독일을 넘어 유럽에 한국의 문화를 알리는 사절단 역할을 하고 있었던 것이다. 신나서 공연하는 아이들을 보고 있노라면, 아이들이 독일사회에서 혼혈이나 외국인으로서의 자신을 당당히 내보이며 자신과 자신의 자리를 찾아가고 있는 것 같아 흐뭇하고 고마웠다.

그리고 빼놓을 수 없는 비형식적 교육과정이 바로 해마다 학교에 활력을 가져다주었던 설날잔치와 추석잔치 그리고 개교기념일 행사였다. 설날과 추석에는 한복을 차려입고 조상님들에게 차례를 지냈다. 독일에서 태어나고 자란 2세들은 향 피우고 절하라는 소리에 킥킥대고 어색해하면서도 곧잘 따라하고 재미있어했다. 개교기념일에는 지인들과 부모님들을 모시고 일년 내내 수업중 갈고 닦은 실력들을 무대 위에서 펼쳐 보이는 잔치를 벌였다. 학생들은 서툰 한국말로 흥부와 놀부, 토끼와 거북, 심청전 등의 전통적인 이야기를 각색하거나 한국인들의 정서나 생활상에서 착안한 내용

이주여성으로 산다는 것

으로 연극을 하고 자신의 생각을 발표하면서 춤과 노래, 풍물로 어우러지는 한마당을 펼쳐내었다. 이런 행사들 속에서 시끌벅적 웃고 떠들면서 우리는 대가족과 같은 유대감을 느꼈다. 특히 재미있었던 것은 설과 추석 잔치 때는 아이들보다 어머니들과 선생님들이 더 들떠 있는 것이었다. 원래 시작할 때는 아이들에게 한국의 문화와 풍습을 가르치려는 목적이었는데, 하다 보니 그런 명절잔치는 오히려 학부모와 교사들이 이주민으로 살면서 가슴 한켠에 늘 지니고 있던 향수병을 모처럼 마음껏 달랠 수 있었던 기회였던 것 같다.

돌아보니 세종학교를 거쳐 간 학생들이 참 많다. 200명이 넘는다. 그들의 소식을 일일이 다 알 수는 없지만 우리의 2세들은 이제 성인이 되어 각자 자기 인생의 길을 찾아가고 있다. 그런데 의외로 적지 않은 수가 한국과 연관된 길로 향하고 있다. 대학에서 한국과 관련된 공부를 하거나 한국학을 전공하는 아이들도 있고 아예 한국의 대학에 진학한 아이들도 있다. 한국과 연계된 직업을 찾은 이들도 이미 여럿 있다. 그리고 한국으로 유학을 가 한국관련 전문가가 되어 돌아오겠다는 이들도 있고 한국기업에 가서 실습을 하며 직업선택의 폭을 넓혀가고 있는 이들도 있다. 어릴 때는 한글을 왜 배워야 하냐고 어머니와 긴 싸움을 했던 아이들이 이제 자신의 삶을 헤쳐가는 길에서 한국의 말과 문화라는 든든한 배경을 가지고 훨훨 날갯짓을 해나가고 있는 것이다.

무엇보다 겉으로 보이는 행로와 상관없이, 어릴 때부터 세종학교에서 함께 자라서 지금 세계 여러 나라에 흩어져 있어도 서로 소식을 전하고 만나서 함께 여행도 하며 속을 털어놓는 친구가 된 아이들 그리고 단단해진 내면과 확고해진 정체성으로 자신이 서 있는 자리에서 열심히 살아갈 힘을 가지게 된 아이들을 보면, 세종학교에서 일한 15년의 세월이 전혀 후회스럽지 않다. 때로는 오해와 편견의 시선 때문에 외딴 섬과 같이 외롭기도 했던 세종학교였지만, 자라나는 많은 아이들에게는 그런 것들이 별로 큰 상관이 없었던 것 같다. 세종학교는 그들에게 인생의 친구를 만날 수 있는 중요한 장소가 되어주었고, 어머니와 어머니의 나라를 좀더 이해하고 폭넓게 세상을 볼 수 있도록 도와준 배움터였으며, 그들이 자신의 인생의 길을 찾아 날아갈 준비를 할 수 있는 활주로 역할을 해내고 있었던 것이다.

　　내가 세종학교에 동참하겠다고 결심한 데는 여러 가지 복합적인 이유가 있었지만 가장 마음 밑바닥에 자리 잡고 있었던 것은 그저 소박한 바람 하나였다. 독일에서 태어나고 자라 대부분 독일 성과 이름을 가지고 있고 자기는 독일사람이라고 생각하는 2세 자녀들이 어머니와 한국말로 대화할 수 있고, 눈에 띄는 외모 때문에 사람들로부터 "너는 독일사람 아닌 것 같은데 어디서 왔니?"라는 질문을 받았을 때 "우리 어머니가 한국에서 왔어. 한국사람이야"라고 자연스럽게 대답할 수 있다면 족하다는 것이었다. 그래서 선

　　　　　　　　　　　　　　이주여성으로 산다는 것

뜻 받아 안았던 세종학교라는 프로젝트가 어린아이가 성인으로 성장하는 시간을 거치면서 고맙게도 그 이상의 결과를 가져다준 것이다.

　　현재 나는 세종학교 운영에서 물러나 평범한 주부로 다시 돌아와 있다. 그러나 지금의 나는 20년 전 세종학교를 시작하기 전의 나와 많이 달라져 있다. 무엇보다도 나와 생각이 다른 사람의 의견에도 귀를 기울일 수 있게 되었다. 병원에서 간호사로 근무할 때는 내가 의견을 내놓거나 동료들과 토론해서 일을 하기보다는 위에서 지시하는 바를 수행하는 것이 대부분이었던 반면, 세종학교에서는 모든 문제를 공동으로 논의하고 결정하는 밀도 높은 의사소통 과정을 거쳐야 했다. 대립과 심한 갈등이 있는 상황에서도 이런 과정들을 통해 문제를 해결하다 보니, 나와 의견이 다를지라도 상대방의 이야기를 끝까지 듣고 함께 해결방안을 찾아가는 태도를 배우게 되었다. 이것은 이제 내가 사람을 대하는 기본적인 태도가 되었다.

　　뿐만 아니라 남북문제를 바라보는 관점도 많이 달라졌다. 반공적이던 내 시각은 독일에 온 직후부터 이미 많이 달라져 있기는 했었다. 『태백산맥』이란 책을 접하면서 우리나라 근현대사의 비극을 새로 이해하게 되었다. 그리고 동독과 서독의 사람들이 편지나 선물도 주고받을 수 있고 허가만 나온다면 왕래도 할 수 있는 것을 지켜보며, 우리나라의 경직된 분단상태도 조금 더 다를 수 있었으면 하는 바람도 가지게 되었다. 독일통일의 순간에는 불가능해 보이는 우리의 통일도 언젠가는 이뤄질 수 있지 않을까 잠시 꿈꿔 보기도 했다.

그런데 그저 일시적이고 일반적인 생각에 지나지 않던 그런 잔상들이 세종학교 일을 하면서 현실적인 고민이 되었다. 우리 한인사회 내에서도 남북문제만 나오면 이념의 골이 금세 드러나고 서로 적대시하는 것이 마음 아팠다. 그러면서 남북이 함께할 수 있는 길은 없는가라는 질문도 심각하게 던지게 되었다. 그래서 베를린영화제에 북한영화가 상영되거나 베를린에 북한예술단이 공연하러 오면 찾아가 보곤 했다. 물론 북한체제에 대한 선전이 중간중간 드러나지만 내용의 중심에는 남녀간의 사랑 그리고 나와 똑같이 웃고 우는 사람들의 이야기가 있었다. 북쪽에도 우리와 다르지 않은 사람들이 살고 있었다. 그러니 남과 북이 함께 어우러져 사는 게 정녕 불가능할까 싶기도 하면서 양쪽 사회를 관심 있게 바라보게 되고 통일과 관련된 정책들도 흘려듣지 않게 되었다.

더 나아가 사회정책에 대한 관심도 깊어졌다. 학창시절 나의 관심사는 그림과 문학뿐이었다. 그래서 평상시에는 주로 그림을 그릴 고궁을 물색하고, 문학서클에 들어 활동하고, 빵집에 가서 빵을 사먹으면 좋겠다는 생각을 하던 평범한 여학생이었다. 독일에 와서도 세종학교를 하기 전까지는 한 가정의 어머니와 아내로,

이주여성으로 산다는 것

직장인으로 성실히 살아가는 것이 생활의 전부였다.

그러나 세종학교 일로 이리저리 뛰어다니다 보니 외국인 이민자로서 독일의 외국인정책을 접할 기회가 많았다. 독일은 외국인혐오증이 여전히 골칫거리로 남아 있긴 하지만, 이미 1990년대 초부터 외국인들이 잘 융화하여 살 수 있는 정책들을 많이 시도하고 있었다.

베를린 시만 보더라도 외국인담당관이 있고 외국인지원예산이 책정되어 있다. 무엇보다 대부분의 구(Bezirk)에 외국인자문단(Ausländerbeirat)이 있어 외국인이민자들의 의견을 듣는 구조가 형성되어 있다는 사실이 놀라웠다. 또한 베를린의 모든 구에서는 여름마다 열리는 거리축제에 항상 다양한 나라의 사람들이 참여할 수 있도록 권장한다. 각 나라 사람들은 이를 통해 자신들의 춤과 음식 등을 선보이고 서로 가까워지기도 하고 타문화를 이해할 수 있는 기회를 가질 수 있고, 자연스럽게 '이 시에서는 우리 외국인이주민들이 아주 긍정적으로 받아들여지는구나. 이 시는 외국인들이 함께 살아가는 장을 마련하려고 노력을 하는구나'라는 생각을 갖게 된다. 이러한 정책들이 외국인들과 그 자녀들이 독일사회에 좀더 쉽게 적응하고 융화할 수 있는 분위기를 만들어주고 있었다.

따라서 나 자신의 삶과 세종학교 운영에서도 사회정책이라는 것이 얼마나 중요한가를 항상 생각하며 접근하게 되었다. 그 무엇보다도, 세종학교에서 자라난 많은 아이들과 함께했던 소중한 이들이 내 가슴속에 있다.

30여 년 전 독일을 택한 것이 내 인생의 환경을 전적으로 바꾸어놓았다면, 세종학교는 독일에서의 나를 더욱 성장시키고 삶을 보다 의미 있게 만들어준 또 하나의 중요한 선택이었다.

이주여성으로 산다는 것

영화를 보다

변-하슈케 숙영

영화를 보다 어느 한 장면에서 오랫동안 잊고 지냈던 일들이 순간적으로 떠오르면서 옛날 기억들을 생각나게 하는 일이 종종 있다.

어느 날 하던 작업을 멈추고 좀 쉬고 싶은 마음에 구해 놓은 영화 한 편을 틀었다. TV 앞에 앉아 아무 생각 없이 영화의 시작을 바라보고 있었는데, 첫 장면에 나온 한마디에 나는 온몸이 얼어붙어 버렸다. 세상의 온갖 희로애락과 풍파를 고스란히 간직한 느낌을 던져주는 깡마른 자그마한 체구의 한국 할머니가 경상도말투로 "안녕하세요"라고 인사말을 하는 장면이었다.

나의 귀를 타고 들어온 그 말투와 음성은 이내 나의 마음을 뒤흔들면서 오랫동안 잊고 지냈던 아련한 기억이 피어오르기 시작했다. 떠오르는 기억들을 누르며 영화에 집중하려 애를 썼으나 내 기억은 어느새 나를 처음 독일생활을 시작하던 시절로 데리고 갔다. 오랜 시간 내 깊은 곳에 묻어두고 차마 끄집어내 보지도 못했던 그 기억과의 대면을 더 이상 피할 수 없다는 것을 직감했다.

처음 우리가 만난 것은 아비투어(독일 인문계고등학교 졸업과정)를 위한 준비코스를 다니던 때였다. 매일 함께 수업을 들으며 생활하다 보니 우리는 자연스럽게 가까워졌다. 어린 시절 각자의 꿈을 위해 열심이던 시절에 만나서일까, 먼 타국에서 진실한 우정에 목말랐던 때문일까, 우리는 금세 어떤 조건도 바람도 없는 절친한 단짝사이가 되었다.

나보다 두 살 위인 그녀는 자그마한 체구였지만 늘 당당한 모습에 솔직하고 직선적이었으며 열정적이고 순수했다. 강한 정신력과 소녀처럼 맑은 심성을 가진 그녀는 정말 매력적이었다. 그녀를 만난 그 순간부터 이런 친구를 이 먼 이국땅에서 만날 수 있다는 것이 내겐 믿을 수 없이 신기한 일이었고, 그만큼 감사한 일이었다.

나는 하고 싶은 게 많은 꿈 많은 젊은이였다. 그러나 현실에서 그 꿈을 실현할 수 있는 기회는 극히 드물었던 시절이었다. 한마디로 꿈도 고민도 아픔도 많았던 때였다. 함께 무리지어 몰려다니던 친구들과 나름대로는 인생의 고민을 나누기도 해보았지만,

이주여성으로 산다는 것

지나고 보면 편하고 안일한 생활환경 속에서 그저 고민하기 위한 고민을 하며, 고민하는 자신의 모습에 만족을 느끼는 친구들이 대부분이었다.

그래서인지 그녀와의 만남은 내게 정말 각별했다. 그녀와 친해지면서 생활에 변화가 왔다. 어려서 독일생활을 시작한 탓인지 뚜렷한 자기주장과 강한 자립심을 갖고 있던 그녀는 공부를 하면서 아르바이트를 했다. 학교를 다니며 매일 아르바이트를 가는 것이 쉽지 않았을 것이다. 그럼에도 그녀는 재미와 열정으로 자신의 일에 집중했다.

그녀가 일하고 있었던 곳은 옛 샤우뷔네 극장(Schaubuehne Theater)이었다. 거기서 그녀는 프로그램을 나눠주거나 관객들의 옷을 보관해 주는 일을 했다. 또 때로는 표를 검사하고 관객들에게 다음 프로그램을 소개하는 일을 하기도 했다. 가끔은 나를 데리고 가서 공짜로 연극을 볼 수 있는 기회도 만들어주었다. 그녀는 자신이 하는 일에 항상 열성을 다했다. 예를 들어 다음 프로그램을 소개할 때 너무나도 열정적으로, 때로는 자신이 주인공이라도 된 듯 순간 몰입하여 이야기를 하는 그녀를 보며 나 혼자 많이 웃었던 일도 있었다. 어쨌거나 그만큼 연극과 문화의 영역에서 그녀가 자기만의 세계를 만들어가고 있다는 것이 그 당시 나에게는 너무나도 새롭고 흥미로웠다. 생기를 가득 머금어 반짝이는 두 눈으로 토론하고 고민하며 연극세계에서 자리를 잡아가는 그녀가 가끔은 낯설어 보이기까지 했다.

그러던 중 나도 그 분야에서 함께 일할 수 있는 좋은 기회가 주어졌다. 그것 또한 그녀가 마련해 주었다. 지금 돌이켜보면 그때가 바로 우리가 인생에서 변화를 즐기게 된 첫걸음마를 떼던 순간이다.

얼마 전 시내에 나갔다가 걸음을 멈추게 하는 현수막을 보았다. 바로 그 시절 극장에서 함께 일을 했던 동료였는데, 지금은 세계적으로 유명한 여성화가가 되어 활동하고 있다. 내 일인 양 마음이 흐뭇해졌다. 그때 그녀는 일을 하다가도 쉬는 시간이면 아무 종이에나 그림을 그리기 시작했다. 극장일이라는 것이 쉬는 시간이 많아 제각기 하고 싶은 일을 틈틈이 할 수 있었고 이는 학생이었던 우리에게는 큰 장점이었다. 그녀에 대한 기사는 *Art*나 *Spiegel*에서도 종종 읽을 수 있었다. 그런데 그녀가 이곳에서 1년에 한번씩 열리는 Tag der offene Tuer(Museums Nacht, 박물관의 하루 야간공개의 날)에 초대받아 함께한다는 것이다. 나는 혼자 마음속으로 그녀와의 깜짝만남을 조용히 준비해 본다. 나를 알아볼까? 근 30여 년의 세월이 흘렀다. 당연히 나를 알아볼 것이다. 조그마한 눈에 까만 머리를 한 동양여자를 잊지 않았겠지.

아무튼 극장일을 시작하면서 우리는 서서히 독일문화에 밝아지게 되었고 1980년대의 여성운동에까지 발을 들여놓게 되었다. 그 당시 기자이자 출판인이었던 여성운동가 알리스 슈바르처가 열성적으로 활동을 시작하면서 독일 최초의 여성 정치잡지 *Emma*를 발간하고, 여성의 위치와 여성에 대한 인식이 새롭게 조명되면서 본격적인 현실적 실천으로 옮겨지기 시작하던 때다.

이와 더불어 1970년대부터 시작한 원자력발전소 반대운동 (Anti KKW)이 최고조에 이르며 대학가는 온통 운동가들과 시위대로 뒤덮였고 학교의 복도는 플래카드 제작소로 착각될 정도였다. 당시의 원자력발전소 반대운동은 지금보다 훨씬 적극적이고 열정적이었다. 여학생들의 변화는 외모에서도 느낄 수 있었다. 가슴을 가리는 보라색 멜빵바지와 팔레스티넨자 목도리는 대유행이었다.

여성해방운동이 시작되면서 그동안 남자들의 전유물이라 생각되었던 자동차바퀴 갈아끼우기나 자동차엔진 점검 등도 이제는 여성이 직접 해야 한다는 구호 아래 나도 몇 번 강의를 들으러 다닌 적이 있었다. 모든 분야에서 남성으로부터의 해방이 가장 중요한 이슈였다.

나는 독일에 온 지 얼마 되지도 않았지만 조그마한 스쿠터를 장만하여 타고 다닌 기억이 난다. 얼마 안 가 자동차사고로 그만

타게 되었지만 섭섭하긴 했다. 또 여성이 직접 운전해서 외국여행을 다니기 시작한 것도 바로 그때부터인 것 같다. 그 바람을 타고 우리도 그리스와 당시 유고슬라비아로 여행을 다녀오기도 했다. 지금 생각해 보면 좀 아찔하다. 여성들만 차를 타고 다녔던 그때를 떠올리면, 그래도 그땐 젊었기 때문인지 겁이 없었다. 어떻든 이제 친구가 된 그녀와의 일상생활은 여전히 활동적이고 정열적이었다. 무엇이든지 열심히 온 열정을 다 쏟는 것이 우리에겐 더 이상 낯설지 않게 되었다.

1970년대 말에 에델펑크(Edelpunk) 패션을 시작으로 복장에서도 유행이 싹트기 시작했고, 다른 한편 자포자기한 젊은이들의 펑크 붐이 일면서 길거리마다 서성거리며 동냥하는 펑크족들도 생겨나기 시작했다.

이에 대해 난 두 개의 시선을 가졌었다. 젊은이들이 자기궤도에 정확히 서 있을 수 있으려면 자신만의 체험이 필요하고 또한 중요하지만, 어느 정도 시간적 간격을 두고 자신이 체험한 경험을 돌이켜보고 평가하는 것도 중요하다고 생각하였다. 새로운 것을 체험하는 것도 중요하지만 아무 생각 없이 빠지다 보면 어느 순간 헤어나지 못하는 상황에 놓일 수도 있기 때문이다. 그때부터 난 두 개의 시선으로 바라보는 것이 습관화되어 버렸다.

이런 시대적 배경 속에서 연극·문화계에서 일을 하며 미

이주여성으로 산다는 것

술을 전공하는 우리의 미의식도 급속도로 변화되어 가고 있었다. 그때 우리의 외모는 한동안 티가 날 정도로 눈에 띄었다. 극장에서 햄릿 공연을 준비하면서 우리는 학교에서 직접 재단과 재봉을 해서 당시 고전주의를 상징하는 의상연구를 현실에 옮겨보았던 기억도 있다.

그 당시 우리에게는 오직 극장과 학교만이 삶의 전부인 양 그 일에만 매달려서 지냈다. 무대일과 학교에서 배운 바를 우리의 작품으로 마음껏 옮겨보는 자유를 맛볼 수 있었던 것도 당시의 사회적 배경과 우리의 때묻지 않은 순수한 정신 때문이었던 것 같다.

우리가 자라면서 받았던 유교사상은 그 권위주의로 우리를 짓누르고 정치·사회 문제에 입 다물고 눈뜬 장님마냥 자라게 하기도 했지만, 오늘 내가 이 자리에 있음에 감사하고 자신의 마음과 양심을 지키며 살 수 있는 올바른 삶에 대한 인식도 심어주었던 것 같다.

내 자신의 주장을 지키면서 그 힘들었던 세상살이에 적응할 수 있었고 힘들었지만 마음껏 나래를 펴고 살아갈 수 있었던 것도, 그녀와 내가 순수한 마음으로 서로에게 마음을 열고 서로 의지할 수 있고 함께 미술을 전공하며 작품을 만들어가며 미래에 대한 꿈도 키워갈 수 있는 장이 만들어졌기 때문일 것이다.

그렇게 시간이 지나면서 우리는 엄마가 되었다. 난 첫딸을,

그녀는 첫아들을 7개월 사이를 두고 맞이한 것이다. 2세 준비도 함께한다는 것도 중요한 우리였다. 난 휴학을 하면서 두 아이의 엄마 노릇도 해보았으나 현실은 생각처럼 쉽지 않았다. 그러던 중 그녀는 자기 엄마의 도움으로 생활의 짐을 덜어야겠다고 결심하고 어머님을 독일로 모셔왔다. 그녀의 어머님이 아이와 집안일을 맡게 되면서 이곳 생활의 힘든 짐들이 줄었다.

다행히도 걱정했던 것과는 달리 그녀의 어머님은 독일생활도 별 어려움 없이 잘 적응하셨고 덕분에 그녀와 나는 작품활동에 예전보다 더 열심히 몰두할 수 있게 되었다. 특히 음악가였던 그녀의 남편은 연주활동을 예전보다 쉽게 할 수 있게 되었다. 그때 그녀와 나는 경제적으로 형편이 그다지 좋지는 않았지만 편한 마음가짐을 가지고 주어진 생활을 하며 많이 웃으며 사는 시절이었다. 시간이 흐르고 학교생활과 각자의 작품활동으로 바쁜 생활이 지속되면서 우리는 자주 만날 수는 없었지만 항상 전화로 서로의 계획과 생각을 교환하며 지냈다.

졸업시험을 준비하면서도 그녀의 남편과 우리 둘, 이렇게 셋이서 퍼포먼스 공연을 준비했다. 그녀의 남편이 베이스기타로 음악을 시작하면 우리는 먹물과 물감으로 무대 한가운데 서서 즉흥적으로 그림을 그리면서 음악과 동시에 조명 디자인에도 관심 가지면서 함께 도취되는 공연이었다. 우리는 이 공연을 위해 온 마

이주여성으로 산다는 것

음과 힘을 다해 준비해 가고 있는 중이었다.

그러던 어느 날 그녀의 남편이 전화를 했다. 병원 중환자실이라며 빨리 와달라고 했다. 그녀가 대학 강당무대에서 학교작품을 준비하던 도중 무대에서 떨어지는 사고를 당했다는 것이다. 허둥지둥 중환자실 복도를 걸을 때 그 느낌은 이제까지 살면서 한번도 가져보지 못한 것이었다. 그 느낌은 직접 겪어보지 못한 사람은 느낄 수 없을 것만 같다.

들어간 순간, 그녀의 창백한 얼굴은 알아볼 수 없을 정도로 변해 있었고 온몸에는 수십 개의 호스가 휘감겨져 있었다. 난 아무 말도 못하고 오직 그녀의 차디찬 손등만 만지고 있었다. 만감이 교차하는 순간이었다. 창백한 얼굴로 아무 말도 없던 그녀는 내가 도착한 지 10여 분 만에 호흡을 멈추고 이 세상과 하직했다. 그녀 나이 서른셋이었다.

남아 있는 일들이 너무 많았다. 그녀의 어머님은 딸을 먼저 보내고 일년간 독일에서 지내시며 손주를 길러주고 한국으로 돌아가셨다. 그분을 울리케 오팅거(Ulrike Ottinger)의 영화에서 다시 뵙게 될 줄이야.

그후 난 근 3년이 넘도록 정신적인 어려움에서 회복되지 않아 힘들었었다. 우리가 같이 지낸 시간은 그리 길지 않았지만 가장 깊이 마음을 나눈 친구였다. 나의 한쪽 팔을 잃어버린 기분이었고, 무슨 일을 하든 자주 의욕을 잃었다. 그래도 산 사람은 어떻게든 산다고 하던가. 아무리 마음이 힘들어도 아이들의 엄마로서 마냥 넋을 놓고 있을 수만은 없었다. 학교생활 이후 그림작업을 하면서 경제적인 어려움으로 온갖 일들을 닥치는 대로 해야 했고, 때로는 너무도 힘겨운 현실 앞에서 모든 것을 내버리고 도망치고도 싶었지만 예술은 내 인생에서 절대로 놓을 수 없는 영역이었고 나를 지탱하게 해준 버팀목이 되었다.

그림작업을 할 수 있다는 것이 내게 힘을 주었고 삶의 발판이 되어주었다. 작업을 할 때, 비어 있는 그녀의 자리가 의식될 때면 나는 더욱 마음을 모아 최선을 다할 수밖에 없었다. 그녀의 몫까지 내가 살아야 한다고 생각했다. 그것이 바로 저 세상에 있는 그녀를 위해 내가 할 수 있는 유일한 일이고, 이 또한 그녀가 바라는 것이 아닐까 한다.

난 아직 한번도 혼자서 그녀의 묘지를 찾아보지 않았다. 왜 그런지 모르겠지만, 아직도 혼자서는 못 가는 곳이다. 오래된 이야기, 가슴에만 묻어놓았던 이야기를 꺼내놓고 보니 또 한번 그녀에게 고마운 감사의 묵념을 하고 싶다. 그녀를 통해 나는 독일의 문화와 예술의 길을 일찍 걸을 수 있었다. 알게 모르게 나에게 많은 생각을 주고 힘들었던 생활에도 힘이 되어주고 믿음이 되어주었던 친

　　　　　　　　　이주여성으로 산다는 것

구였다.

　친구야, 10월에 있는 나의 전시장에서 우리 함께 좋은 시간, 많은 이야기 가지면서 술잔을 나누자꾸나!

배짱

손행자

"어머니, 나 멀리 떠나야 하는데요."

인석이가 2005년 아헨대학 건축학과를 졸업하던 해였다. 베이징에 있는 설치미술가 아이웨이웨이씨와 이야기가 되어 그곳으로 가서 같이 일하고 싶다는 것이었다.

나로서는 처음 들어보는 이름인데다 노동계약도 없이 무작정 떠난다고 하니 기쁜 마음보다는 걱정스럽고 또한 중국말도 못하는 아이가 어떻게 살려고 이런 결성을 했을까 하는 생각이 늘었다. 그 순간 내가 처음 독일에 왔을 때 말 때문에 고생스러웠던 시간이 생생하게 떠오르기도 했다. 이제는 전문적인 분야에서는 많은 부분이 영어로 해결된다는 생각은 물론 하지 못했었다. 하기야 아이웨이웨이씨와도 영어로 소통이 가능했었을 테니까. 아무튼 "너 하고 싶은 일을 찾아서 밖으로 나가라"고 대답을 하며 걱정스럽다는 마음을 표현하지는 않았으나, 한참 동안 상념에 잠긴 것은 사실이었다.

내가 독일로 올 때의 그 시절은 냉전체제가 고착화되어 중국이라고 하면 당장 떠오르는 것은 6·25 때 중공군의 인해전술 같은 그런 전쟁에 대한 끔찍함이었다. 나는 어리긴 했지만 해방도 경험하고 분단도 그리고 반공이라는 미명하에 독재도 경험하고 철저한 가난도 겪었었다. 남들은 실력이 모자라 못 가는 대학진학도 하였으나 돈이 없어 포기도 해보았고, 뭔가 내 자리를 찾으려고 별의별 일까지 미친 듯이 열심히 해보기도 했지만 좌절밖에 남지 않았었다. 내 성격에 맞추어 깨끗이 죽어버리자고 자살시도도 해보고….

이제 뭐 더 이상 나빠질 것이 없으니 미지의 세계가 무섭지도 않았고 오히려 홀가분한 마음으로 고향과 부모님을 등질 수 있었다. 한 가닥의 미련도 없었다. 그래서인지 나만 열심히 하면 내가 하고 싶었던 학업도 다시 이어갈 수 있는 이곳의 사회적 조건에 흠뻑 빠져, 사실 독일어를 일상어로 만드는 것이 뼈아프게 힘든 과정이었는데도 그리 힘든지도 모르고 살아왔다.

이런 마음으로 살아왔던 나였음에도, 6개월 후 크리스마스에 맞춰 집에 온 인석이에게 자세한 이야기를 듣고 나니 그때 비로소 마음이 조금 놓이는 것 같았다. 그래도 알고 싶은 것이 한두 가지가 아니었다. 프로젝트를 같이하는 사람들이 한 가족처럼 한 지붕 아래서 밥도 같이 먹고 생활을 한다니 그런 대로 안심이 되면서도, 화장실이 재래식이어서 불편하다는 말을 듣자 좀 힘들겠구나 싶어 안타까웠다. 그러자 아들은 내 생각을 읽은 듯이, 다음해에 집을 새로 지을 계획이라고 하면서 나의 마음을 달래주었다.

그후 2007년, 독일 카셀에서 5년에 한번 몇 달 동안 열리는, 세계적으로도 어느 정도 알려진 제12회 '도쿠멘타 박람회'에 아이씨의 전시를 위해 아들은 자주 독일에 오게 되었다. 인석이가 맡은 일은, 이 작품에서 1001명의 중국인들이 '인간예술물'로, 그러니까 다섯 차례로 나누어 한번에 200명씩 일주일 머물게 되는데 그 많은 사람들이 생활할 수 있는 숙소를 준비해서 이를 '설치'해야 하는 작업이었다(1천 명은 중국의 평범하게 살아가는 사람들을 의미하며 그 마지막 한 명이 아이씨 자신이라고 한다). 과거 폴크스바겐 자동차의 좌석을 만들던 공장을 수리해서 침실, 식당 등을 마련하기 위해 4월부터 내 옆에 와서 열심히 일하는 모습을 보면서 내 마음은 안정되어 갔다.

아이씨와 부인 그리고 그의 많은 동료들을 만나는 기회를 가지면서, 또 그들의 삶의 모습을 보면서 나는 알게 모르게 마음이 뿌듯해짐을 느꼈다. 아쉬움이라면 언어문제로 진지한 의사소통을 할 수 없었다는 것일까. 200명의 사람들이 공동생활을 하는 것이 습관이 되어서인지 너무 조용하고 질서가 잡혀 있다는 것은 그 주말을 함께 보내고 난 뒤 느낀 점이다. 아이씨나 부인도 소박하고 인자

이주여성으로 산다는 것

한 모습이 얼굴에 적혀 있는 듯했다.

지금 생각해 보면, 어떤 사람과 관계를 맺고 어떤 가치관을 가지고 살아야 하나 하는 것에 대해 사실 나는 인석이와 직접 말을 해본 적이 없었던 같다. 단지 부모가 살아가는 모습과 뭘 하면서 사는가를 보면서 알아서 자신의 길과 가치관을 형성해 나가겠지 하는 마음에서 인석이의 결정을 존중하면서 살았던 것 같다. 그러다 보니 막상 먼 길을 떠난다는 말을 들었을 때도, 게다가 중국이라고 하니 일단 멍했던 것은 사실이나 긴말하지 않고 떠나보냈다. 그런데 지금 인석이가 어떤 사람과 무엇을 같이하고 있는지를 보니 뿌듯하지 않을 수 없는 것이다. 인석이가 관계하는 사람의 인격에 대해 듣고 볼 때마다 이러한 마음은 더욱더 진해졌다.

전시회 동안에 일어난 일이다. 500년이 넘는 창문틀로 지은 탑이 태풍이 불어 개막 4일 후 넘어져 버린 것이다. 모두들 놀라 어떻게 할지 몰라 당황할 때 아이씨는 그걸 보고 "자연이 만든 예술품이야말로 더 가치 있는 것"이라고 표현하면서 오히려 그대로 놔두는 것이 더 좋다고 했단다. 이런 자연에 주목하는 그의 미학적 착상이 독일사람들에게 알려지면서, 오히려 많은 사람들에게 가까이 다가가는 계기가 되었다고 한다.

2008년 쓰촨 성에서 발생한 대지진에서 많은 어린 학생들이 사망하게 된 원인은 천재(天災)가 아니라 부정부패에 눈이 어두운 인재(人災)라는 사실을 보여주기 위해 2009년 뮌헨에서 "So Sorry"라는 제목으로 전시회가 열렸다. 전시장 앞에 여러 가지 색깔의 책가방으로 "7년간 지구에서 행복하게 살았었다"라는 말을 한문으로 장치하여 사람들의 심금을 울리면서 많은 주목을 받기도 했다.

아들이라 그런지 별로 말이 없는 편이지만, 그래도 자신에게 인상적으로 남았던 일인지 한번은 일화 하나를 들려준다. 아이씨가 작업하는 공간은 굉장히 넓다고 한다. 동물보호협회에서 고양이를 살리기 위한 공간과 그 보호가 필요하다는 소식을 듣고 그 많은 고양이들을 자신의 공간에 데려오게 하였단다. 그 고양이들과 같이 살면서 관찰한 말이 "고양이는 문을 열 수는 있으나 문을 닫을 수는 없다"는 것이었단다. 참 많은 것을 생각해 보게 하는 문구인 것 같다.

2011년 4월 아이씨가 투옥되는 과정에서 인석이도 연루될 수밖에 없었다. 홍콩에 가려 공항으로 가던 중 경찰에 붙잡혀 수사를 받지 않을 수 없는 상황이 되었다. 인석이의 노트북, 핸드폰 등은 물론 다 압수되었고 하루 종일 조사를 받은 후에 풀려났다. 아이씨와 함께 일한 건축학 전공자는 17명이었는데, 대부분이 여러 나라에서 온 사람들이었다. 모두 다 조사를 받았는지는 아들도 확실히 모르지만 자신이 조사를 받았으니 다른 동료들도 그렇지 않았을까

이주여성으로 산다는 것

추측해 볼 뿐이었다. 그후로는 서로 만나지 못했기 때문이다.

결국 아이씨와 그의 주방장, 운전기사 그리고 함께 일했던 아이씨의 친척들이 투옥되었다. 그런 와중에도 사진작가는 용케 피해 투옥되지 않은 것으로 알고 있다. 같이 일하던 동료들은 뿔뿔이 흩어졌고 지금은 인석이만 베를린으로 돌아와서 감옥에 있는 아이씨의 계획되어 있던 여러 작업들을 실행하고 있다.

인석이가 혐의 없다고 풀려날 수 있었던 데는 그만한 이유가 있었던 것 같다. 일단 인석이는 고용계약을 하지 않고 일종의 '고문'으로 활동했는데, 처음부터 이런 문제를 염두에 두고 대비했던 것 같다. 물론 인석이는 독일국적이라 쉽게 구속할 수 없었을 수도 있다. 그래도 제일 중요한 것은 이런 억압적 사태가 발생할 것을 애초에 대비한 인석이의 입장과 자세였던 것 같다.

아이씨의 작품들이 마음에 들어 같이 일하기로 결단하면서 이미 마음의 준비를 하고 이런 사태에 대비해 "중국의 민주화운동과 나는 아무 관계가 없다"고 말할 수 있게 자신의 활동과 주변을 정리해 놓은 것이었다. 가령 아이씨의 전시회가 어디에서 열리든 뒤에서 그의 손발이 되어 일했지만 그 많은 매스컴을 최대한 피해 가는 기지를 발휘했다. 물론 나 또한 나중에 알게 된 사실이지만.

군부독재 시절 박정희는 정권을 연장하기 위해 헌법까지

개정하면서 유신헌법을 선포하고 '한국적 민주주의'를 이룬다고 했었다. 참 기가 막혔다. 여기 독일에 거주하고 있던 많은 한인들이 이에 반대하며 두려움을 무릅쓰고 선언서, 성명서 그리고 가두시위를 했었고, 이런 한국의 민주화의 길에 나도 인석아버지와 동참하였다. 당시의 이러한 결정은 곧 한국으로 돌아가지 못한다는 것이었으며, 대사관으로 파견된 '정보영사' 혹은 프락치의 감시와 억압을 받아야 했다. 그럼에도 불구하고 노태우 군부독재가 끝날 때까지 인석아버지도 나도 직간접적으로 참여했다. 사실 공포심이 없었다고는 말할 수 없다.

글쎄, 인석이가 어렸음에도 불구하고 알게 모르게 이런 모든 행동들을 본 것인가? 게다가, 인석이의 말을 들어보니 자기는 두려움이 전혀 없었다고 한다. "자식, 배짱이 두둑하네."

옆에 와 있으니 인석이의 사생활을 좀더 알게 되었다. 사귀는 여성이 있는데 이탈리아 사람이라고 한다. 거기서 일하면서 사귄 것 같다. 중국땅에서 인종, 국적에 대한 선입견 없이 또 다른 나라 사람들을 만날 수 있는 것이 이 세대들인가 싶은 게 우리 때와 너무 다르고 '긍정적'이라는 생각이 들었다. 그러더니 얼마 전 "어머니, 여자친구가 아이를 가졌어요" 하더니 어느새 나에게 손자가 생겼다. 한 가족의 '다국적'이란 말이 실감나는 순간이었다.

이주여성으로 산다는 것

"바쁘다 바빠"라는 말이 나에게 현실로 다가온다. 이탈리아 며느리와 어떤 말로 소통을 할 것인가 하는 고민이 생겼다. 이탈리아어와 스페인어가 어느 정도 통하는 데가 있으니 다행이다. 지금은 마음이 달라져 언젠가 한국으로 가 여생을 보내기로 작정하였지만, 한동안 우리는 혹시 연금생활자가 되면 따뜻한 곳에서 살고 싶어 휴양할 집을 스페인에 장만한 적이 있었다. 그때 열심히 스페인어를 배워놓은 것이 있어 손짓발짓과 함께 구사하면 나름대로 소통이 될 것이라 생각하니 마음이 또 놓인다.

이제 얼마 있으면 산후조리 후 며느리가 아들과 같이 베를린으로 와서 살 것이다. 내 몇몇 친구가 베를린에 살고 있으니 금상첨화가 아닌가. 베를린을 선택한 것도 이미 아이씨가 인석이를 배려하여 준비해 놓아서라고 하니 다시 한번 이분의 깊은 마음을 들여다보게 된다.

3

그들도

우리처럼

길

송–푸르동 금희

"인간은 자신이 필요로 하는 것을 찾아 세계를 여행하고, 집에 돌아와 그것을 발견한다."

아일랜드 소설가이자 문인인 조지 무어가 한 말이다. 그런데 많은 사람들의 심금을 울릴 이 말이, 나에게는 온전하게 다가오지 않는다. 혹은 더 적나라하게 이야기하자면 내 삶에서는 모든 것이 정반대였다.

"나는 집에서 결코 찾을 수 없었던 그 무언가를, 독일에서 비로소 발견했다." 그것이 한민족의 슬픈 운명 탓인지, 아니면 나의 억센 팔자 탓인지는 모르겠다. 그리고 또 내가 독일을 선택한 것인지 혹은 독일이 나를 필요로 했던 것인지도 모르겠다. 어쨌든 나는 내가 필요로 했던 것을 찾아 한국을 떠났고 그리고 비로소 독일에서 그것

그들도 우리처럼

을 발견했다.

그 누가 감히 상상이나 했을까. 본래는 나의 집에 있어야 했을, 그러나 결코 찾을 수 없었던 그 무엇인가가 이 머나먼 이국땅에 자리 잡고 있으리라는 것을. 물론 그것은 당시 한국인들이 보았던 '잘 사는' 유럽으로부터 기대하는 그런 가치들은 아니었다. 그것은 따뜻한 잠자리도, 풍족한 먹을거리도, 세련된 옷차림도 혹은 독일사회의 시민의식도 아니었다. 그건 내가 자신에 대해서 미처 돌아볼 수조차 없던 어린 시절부터 간절하게 원하던, 그러나 나의 집, 동네, 당시 한국사회에는 찾아볼 수 없었던 훨씬 더 중요한 어떤 것이었다. 바로 '나의 자리'이다.

그것이 나의 눈에 처음으로 뚜렷하게 보이기 시작했던 때는 지금으로부터 약 40년 전, 1970년대 초의 어느 버스 안이었다. 그때 나의 앞에는 유럽 버스투어를 함께 떠났던 재독 광부들과 간호사들이 가득 앉아 있었다. 온 생을 통틀어 단 한 순간도 '명랑함'을 놓지 않았던 나는, 여느 모임에서 그랬듯이 맨 앞으로 나와 한국의 민요들을 신명나게 부르기 시작했다. 〈새타령〉 〈군밤타령〉 등등. 그날 나는 버스 안 사람들 하나하나의 입가에 깃들인 미소와 함박웃음을 보았다. 그리고 그 미소와 웃음을 통해서 나는 그들과 나에게는 한국의 문화가 온 삶에 뿌리 깊게 박혀 있음을, 그리고 내가 어느 곳에 있든 나의 삶에 한국의 문화가 따라다님을 깨달았다. 그리고 동시에 내가 진정으로 찾아헤매던 바로 '나의 자리'를 발견하게 되었다.

　　나는 1948년 충남 부여에서 태어났다. 호걸 같은 의사 아버지와 정숙한 어머니 그리고 8남매 사이에서 여섯째 아이이자 막내딸로. 나의 손위로는 형제가 두 명이나 있었지만 어머니께서는 내가 태어나자마자 딸임을 아시고는 나를 꼭 안고 눈물을 흘리셨다고 한다. 당시 한국은 그런 사회였고 나의 가족 또한 예외는 아니었다. 그래도 여자로 태어난 것이 마치 죄라도 되는 마냥 눈물을 흘리셔야 했던 어머니와 달리, 나는 비교적 명랑한 유년기를 보냈다. 일부는 내가 막내딸이라서 속된 말로 집에서 '내어놓은' 자식이었던 데서 기인하고, 다른 한편으로는 호인이셨던 아버지가 나의 명랑하고 긍정적인 성격을 좋아하셨기 때문일 것이다. 한편 어머니 또한 나를 많이 혼내시기도 했지만, 얌전한 언니들에게는 예외 없이 엄격하신 것에 비해 막내딸이랍시고 나의 어리광은 받아주시는 편이었다.

　　아버지의 비밀스러운 비호 아래, 나는 선머슴처럼 말도 많았고 웃을 때도 호탕했다. 그리고 한 가지 재주가 더 있었는데 바로 '한국'의 노래였다. 굳이 작은따옴표를 넣어 강조하는 이유는, 당시에 한국땅에는 현재보다도 더 '한국의 것'이 드물었기 때문이다. 보릿고개를 걱정하던 그 옛날 1960, 70년대에조차 우리는 우리의 문화를 즐기지 않았다. 당시 청춘들에게는 이른바 '천국'으로 알려진 미국땅의 엘비스 프레슬리가 우상이었고, 우리 고유의 노래들은 잊혀진 지 오래

　　　　　　　　　　　　　　　　　　　　그들도 우리처럼

였다. 어린 시절부터 앞에 나서서 노래 부르기를 좋아했던 나 또한 그런 유행가들을 익혀 불렀음은 물론이다. 물론 나의 부모님세대는 한국의 옛 민요들을 들으며 즐거워하셨지만, 당장 먹고사는 것을 짊어져야 했던 그들에게 문화를 즐긴다는 것은 사치에 가까웠다.

하지만 나는 단지 팝송을 즐겨 부르는 것에 그치지 않고, 한국의 민요들을 익혔고 또 즐겨 불렀다. 꽤나 오랜 시간을 보낸 지금까지도 나는 그 이유를 정확히 알지 못한다. 다른 동년배들과 달리 왜 나에게 한국의 민요가 유독 남다르게 다가왔는지를. 하지만 한 가지 분명한 사실은 가수 김세레나의 〈새타령〉을 접하는 순간부터 나는 한국의 노래들을 사랑하게 되었다는 점이다. 의사 아버지 덕에 운좋게 집에 전축이 있었던 나는 〈새타령〉을 시작으로 그녀의 레코드를 샀다. 그리고 그녀의 모든 노래를 외워부르며 다녔다. 김세레나와의 이런 만남으로부터 오랜 시간이 흘러갔지만, 그녀가 밝혀준 인생의 단서를 따라 내가 여기까지 왔다는 사실에는 변함이 없다.

당시에도 젊은 사람들은 엘비스 프레슬리나 다른 팝송가수들의 레코드에 관심을 두었고 김세레나의 노래는 고리타분하다고 생각했다. 팝송을 부르는 데도 결코 재능이 없지 않았던 내가 김세레나의 노래에 빠져든 것에 대해서는, 운명이라는 단어보다 더 나은 설명을 할 수 있는 없을 것이다. 그리고 그때는 미처 알지 못했던 사실이지만, 김세레나의 노래들은 한국 전통 민요와 창에 대중가요의 요소들을 적절히 섞은 것이었고 덕분에 쉽게 귀에 익힐 수 있었던 것 같다. 그런데 나뿐 아니라 재독한인들 대부분이 그 차이를 잘 몰랐기 때문에, 우리 모두 내가 부르는 노래들이 바로 그 전통 민요 혹은 창이라고 믿어 의심치 않았고 또 있는 그대로 즐겼다. 독일에서 오랜 시간을 보낸 후에야, 우연히 고국에서 독일로 유학 온 한 연극인을 통해서 나의 노래가 대중가요로 편곡된 것임을 알게 되었다. 그 사실을 '건너' 전해 듣고는 얼마나 무안했던지! 한동안 나는 내 무지가 부끄러워서 무대공포증에 시달려야 했다.

어쨌든 덕분에 나는 어느 모임에서나 흥을 돋우는 중심으로서 사랑을 받을 수 있었다. 동년배들과의 모임에서는 팝송을, 그리고 어르신들의 모임에서는 김세레나의 노래들을 부르면서. 하지만 어느 순간부터인가 나는 성숙해질수록 한국에서는 나의 자리가 보이지 않는다는 것을 느꼈다. 당시 한국은 노래나 춤 등 문화예술이 잡기로 취급되던 시기였다. 더구나 '외제'는 무조건 좋다는 사회분위기에서 한국 전통예술이 결코 귀한 대접을 받지도 못했다. 다행히 내 주변에는 나에게 대놓고 쏘아붙이는 사람은 없었지만, 그럼에도 한국에서 한국의 민요와 창을 부르며 나의 온전한 자리를 찾기란 불가능해 보였다. 그때 나에게 가장 현실적인 미래는 내 어머니와 같은 '정숙한' 여인의 삶이었겠지만, 예나 지금이나 말괄량이인 나에게 그것은 온전한 삶이 아니었다.

그들도 우리처럼

하지만 바로 그 순간, 운 좋게도 나의 삶에 '독일'이라는 전환점이 나타났다. 도통 학업에 흥미가 없었던 나는 독일에서 노동인력을 수입한다는 소문을 들었던 것이다. 이에 나는 공부를 중단하고 보건소에서 보조간호원으로 일을 시작했고, 우여곡절 끝에 독일로 향하는 기회를 잡게 되었다. 당시 나는 숨 막히는 한국사회에서 벗어난다는 사실만으로도 기뻤다. 나의 지나치게 명랑한, 때로는 순진하고 천방지축이기까지 한 성격을 걱정한 큰오빠의 작은 반대목소리가 있었지만 "요즘은 여자도 나가야 된다. 나갈 수 있는 기회 있으면 나가야 된다!"라며 아버지께서 다시 한번 나의 편에 서주신 덕택에 나는 독일로 향하는 비행기에 몸을 싣게 되었다.

그때 철없던 나에게는 더 나은 자유를 향해 나아간다는 생각만 앞섰던 것 같다. 그보다 더 중요한, 한국에서는 뿌려질 자리를 미처 찾지 못하고 머나먼 이국에 뿌려져 나의 자리를 찾게 해줄 한국의 노래(문화)라는 씨앗들을 가슴 한편에 담고 있는지도 모르고서.

재독한인 광산근로자들과 간호사들이 가득 차 있던 1970년대 초의 그 버스 안에서 나는 나의 씨앗들이 뿌려질 자리를 처음으로 발견했다. 그리고 점차 나는 그 씨앗들이 단순히 뿌려질 자리를 찾고 있을 뿐만 아니라, 씨앗들 스스로가 자신의 자리를 마련한다는 사실을 깨달았다. 그리고 심지어 내가 설 자리까지 만들어준다는 사실까지도. 내가 독일사회에서 겪었던 한인사회의 두 가지 큰 흐름, 즉 모국의 민주화와 독일에서 태어난 2세들과의 관계, 이 모두에서 나의 씨앗들은 나의 자리를 마련해 주었다.

1970년대까지 대부분의 평범한 한국인들이 그러했듯이, 나 또한 당시 한국의 정치현실을 수동적으로 받아들이는 편이었다. 이를테면 독일에서 막 간호조무사로 일하기 시작했을 즈음의 일이다. 한 독일환자가 나에게 "너희 나라 대통령은 독재자다"라고 빈정거렸다. 당시 한국의 정치현실에 대해 비판적인 시각이라고는 전혀 없었던 나는 괜히 한국을 욕하는 것만 같아 "왜 남의 나라 사정에 참견을 하느냐"며 쏘아붙였다. 그렇게 간호조무사 시절의 나는 누구라도 한국에 대해서 조금이라도 부정적인 이야기를 하는 것을 참지 못했다. 그때의 나는 그걸 '애국'이라고 생각했다. 하지만 실제로는 한국에 대한 부정적인 이야기들이, 가난한 나라에서 왔다는 나의 열등감을 자극했기 때문에 그렇게 격렬하게 반응했던 것이리라.

이처럼 나는 정치에 대해 무지했었다. 심지어 자유로운 독일에서 몇 년을 보낸 후 재독한국여성모임에 참여할 시점에도, 나는 민주주의의 복잡한 가치들과 구조를 제대로 이해하지 못하고 있었다. 사실 예나 지금이나 나의 정치의식은 소박한 수준이다. 그러나 보다 중요한 것은, 재독한국여성모임이 한국의 민주화운동에 참여하는 과정에서 어떻게 거기에 '나의 자리'를 마련했는지가 아닐까.

그들도 우리처럼

목적을 지닌 어떤 단체에서 구성원들 각자의 역할이 있어야 한다면, 복잡한 정치이론을 이야기하는 것은 분명 나의 몫이 아니었다. 하지만 고국에 대한 향수와 더불어 고국의 정치현실에 대한 분노가 뒤섞인 복잡한 시대를 경험해야 했던 재독한인들의 복잡한 심경을 어루만져 주고, 동시에 한국인들의 모임에서 결코 빠질 수 없는 '흥'을 불러일으키는 것은 단연 나의 몫이었다.

씩씩하고 긍정적으로 살아가는 듯이 보이지만, 마음 한켠에 외로움과 향수를 숨기고 있는 재독한인들 앞에서 노래를 부르면서 나는 예전의 그 버스 안에서 보았던 미소와 웃음을 다시금 발견하곤 했다. 그리고 내 가슴속에 들어 있던 씨앗들을 그들에게 나누어주고, 또한 그 모임에서 내가 자리 잡을 곳에 씨앗들을 뿌리기도 했다. 나는 점차 노래를 부르는 데서 한걸음 나아가 풍물, 탈춤, 고전무용(부채춤, 칼춤 등)을 익혀서 공연을 하기 시작했다.

물론 그때만 해도 한국을 다시 찾을 때마다 그저 기회가 닿는 대로 아무 곳이나 찾아가 알음알음 배우거나 책과 영상자료를 구해서 혼자 공부했을 뿐이고, 독일을 방문한 실력 있는 한국선생님들을 찾아가 배움을 청한 것은 조금 시간이 흐른 후의 일이다. 때문에 그때의 노래, 풍물, 춤과 무용 실력은 지금 생각하면 얼굴이 붉어질 수준이다. 어쨌든 나는 예나 지금이나 명랑했고 그러기에 자신의 분수와는 상관없이 즐겁게 공연할 수 있었다. 모국민주화 운동에서 나의 자리를 찾아가는 과정에서는 수많은 즐거움이 함께했지만, 그중 꼭 하나를 꼽자면 보훔(Bochum)에서 풍물과 탈춤을 가르쳤던 일이다.

보훔 일대는 루르(Ruhrgebiet)라는 광산지대였고, 자연히 한인 광산근로자들도 많이 거주했었다. 시간이 흐르면서 뜻있는 사람들 중 일부가 공부를 시작하고 또 조국의 민주화 운동에 힘을 쏟기 시작했다. 마침 여러 한인모임에서 공연을 한 나의 '명성'이 여기에까지 미쳤는지, 조국민주화에 뜻이 있었던 보훔 일대의 광산근로자 몇몇이 풍물과 탈춤 등을 배우고자 나를 선생으로 초대했었다. 이처럼 독일 땅에서 한인들이 조국민주화 운동을 함에 있어, 한국의 문화는 단순한 흥밋거리가 아니라 반드시 해소되어야 하는 갈증이었던 것이다. 선생님으로 모셔진 나는 평생 풍물이나 탈춤과는 벽을 쌓고 살았던 한인들에게 신명나게 '한국'에 대해 가르쳤다.

재독한인들의 가슴에 새겨진 수많은 상처들에도 불구하고, 그때만큼은 우리 모두 얼마나 즐겁고 행복했는지 모른다. 풍물과 탈춤을 배우기 위해 모인 광산근로자들이 커다란 천막을 치고 야영을 하다가 난로의 연기 때문에 다음날 아침 다들 얼굴이 샛노래진 사건하며, 오랜 관습 탓인지 아님 천성인지 박자와 음정을 도대체 좇아가지 못하던 우스꽝스러운 연습들, 멀리 베를린에서 초청된 선생님이라고 나를 여왕님처럼 떠받들어주던 기억까지. 이 모든 것이 나의 삶에서 지금까지도 소중한 추억들이다.

그들도 우리처럼

그리고 생각건대 보훔 일대에서 온 사람들의 모임에 참석하는 동안 진정으로 내게 성취감 혹은 해방감을 주었던 것은, 금기시되어 있었던 그리고 베일에 싸여 있던 참된 삶의 모습들이 나에게 다가왔다는 사실일 것이다. 당시 재독한인사회는 한국 내에서보다 '공산당'에 대한 공포와 낙인찍기가 오히려 더 성행했었다. 이는 독일이 정치사상적으로 더 자유로웠을 뿐만 아니라, 북한에 관한 정보를 쉽게 얻을 수 있었던 점 때문이었을 것이다. 그래서 조국민주화 운동에 조금이라도 관련된 개인 혹은 단체는 '빨갱이'로 낙인찍히게 마련이었고, 나 역시 처음에는 그런 것들이 두려워서 조국민주화 운동단체에 어떤 식으로든 엮이는 것을 피했었다. 게다가 이 광산근로자 모임은 루르 지역에서도 가장 빨갛고도 빨간 단체라고 악명 높았었다.

하지만 보훔에서 광산근로자들에게 풍물을 가르치면서, 나는 진정한 해방감을 느꼈고 또 진실을 보았다. 비록 나의 정치의식이 정교하지는 않더라도 나는 그들이 사회를 전복하고 싶어하는 뿔 달린 공산당이 아닌, 진정으로 한국을 사랑하는 사람들이라는 걸 느꼈다. 그리고 내가 독일에서 한국과 그들을 연결하는 매개자 역할을 할수 있다는 것에 감사했다. 물론 이 모든 해방감과 감정들은 내 안에 뿌릴 씨앗들이 이미 존재했기 때문에 가능한 일이었다.

한편 조국민주화 단체들에 참가하여 나의 문화적 끼를 발산하는 것과 별개로, 나는 독일 내 한인2세들에게도 풍물, 부채춤, 칼춤 등을 가르치기 시작했다. 한인2세들 중에는 한국인부부 사이에서 태어난 이들도 있고, 부모 중 한쪽이 독일인인 이들도 있었다. 2세들은 집 안에서는 한국인으로서의 정체성을 그리고 밖에서는 독일인으로서의 정체성을 형성하며 자라났다. 평탄하게 자신의 마음을 채워넣는 아이들도 있었지만, 그와 동시에 많은 아이들이 도대체 둘 중에 어떤 것들로 자신을 만들어가야 할지 혼란을 겪기도 했다. 독일사회의 모습들만으로 자신의 마음을 채워넣기에는, 2세들은 분명 '평범한' 독일인들과 달랐으니까. 나는 그들의 마음 한편에 내가 지닌 씨앗을 조금씩 나누어주고 싶었다.

본래 아이들을 좋아하던 나로서는, 2세들을 가르치며 동시에 그들의 마음 한편을 조금이라도 채워주는 과정이 정말 행복한 일이었다. 한인2세들 외에도 아프리카 등지의 해외이민자 자녀 혹은 그전까지는 한국과 전혀 연고가 없던 독일아이들까지 포함한 풍물모임을 가르치며 나는 한동안 진심으로 즐거웠다. 그리고 나는 오래전 한국을 떠나올 때 도대체 어디에 뿌려야 할지 몰랐던 그 씨앗들이, 정말 비옥하고 양지바른 곳에 뿌려지며 나의 자리를 마련해 주고 있음을 느꼈다.

내 삶에서 가장 아름다운 추억들을 담은 방이 있다면 베를린에서 2세교육을 하던 시기가 아닐까. 물론 그때까지만 해도 한인2세 문화교육의 토대가 전무하다시피 한 상황이라 모든 것이 결코 녹

그들도 우리처럼

록치는 않았다. 때로는 세대차이가 나는 나와 2세아이들의 사이에 갈등이 생기기도 했다. 하지만 그때마다 주변사람들의 도움으로 어려움을 헤쳐나갈 수 있었다. 더욱이 나의 남편 랄프(Ralph)는 공연준비에서부터 모임의 분위기를 조화롭게 이끄는 데까지 다방면에서 나를 조력해 주었다. 꽤나 긴 시간이 흐른 지금 다양한 정체성을 지닌 아이들이 농악대 차림을 하고 공연하는 장면, 제대로 된 전통악기를 구할 길이 없어 박스로 엉성하게 만든 장구 등을 가지고 공연에 나섰던 장면 등은 나의 삶의 가치를 찾아가는 자리였다.

언젠가 나의 가르침을 받았던 2세 중 한 명이, 자리를 찾지 못해서 갈팡질팡하던 자신을 잡아준 것이 바로 2세모임이었다고 나에게 말한 적이 있다. 비록 얼마나 많은 나의 '제자들'이 그렇게까지 긍정적인 영향을 받았는지는 알 수 없으나, 그들의 가슴속에 조금이라도 한국의 무언가를 전해 줄 수 있었다면 나 또한 더 이상 바랄 것이 없지 않을까.

한편 모든 일들이 지나고 나면 아름답고 따뜻하게 채색된다고 하지만, 여전히 나의 마음에 아프게 남아 있는 경험들도 많다. 내가 뿌렸던 씨앗들이 내려앉은 곳이 자갈밭이었던 순간들이 그러하다. 하지만 꽤나 오랜 시간이 지난 후에 되돌아보니, 독일에서 한국문화를 뿌리는 과정에서 그러한 어려움들을 대면하는 것은 어쩌면 너무나도 당연한 것일지도 모르겠다.

이를테면 독일통일 직후, 우리 풍물패는 초대를 받아 구동독 도시 라이프치히로 공연을 간 적이 있다. 독일의 사업가들이 모인 만찬에서 우리 모임뿐 아니라 여러 단체가 공연을 했는데, 다들 자기들끼리 먹고 마시고 즐기느라 우리의 공연은 안중에도 없었다. 나는 우리 자신들뿐만 아니라 한국문화 전체가 무시당한다는 느낌을 받았고, 과연 저 사람들이 클래식 공연에 대해서도 저렇게 무성의한 태도를 보일까 하는 생각에 화가 났다. 하지만 대다수의 독일인들이 한국문화에 익숙하지 않다는 사실을 감안하면, 이러한 무관심은 '애교스러운' 것에 불과할지도 모른다.

독일에서 한국문화 활동을 하면서 진정 마음이 아팠던 경험은, 나 자신의 미숙함과 자신감 부족으로 더 나은 것들을 얻을 만한 기회들을 스스로 놓쳤을 때이다. 특히 한인2세 문화교육의 마무리가 그러했다. 이 시절은 나의 가슴 한켠에 정말 아름답게 남아 있지만, 동시에 내가 더 잘할 수 있었던 기회들을 제대로 살리지 못하고 결국에는 미완의 상태로 중단해야 했던 아픈 상처로 자리 잡고 있기도 하다.

그때 나에게 한인2세들의 교육이 맡겨졌던 까닭은 내가 한국문화에 꾸준히 관심을 가지고 있었기 때문만은 아니었다. 당시 나는 베를린자유대학을 막 졸업한 상태였고 또 이미 교육자로서의 경력을 이어가고 있었다. 때문에 주변사람들은 내가 아이들을 잘 다독이고 또 이해해 주는 좋은 선생님이 되리라고 믿었던 것이다. 별다를

그들도 우리처럼

것 없는 당연한 기대라고 여길 수도 있겠지만, 어쩌면 이것이 결국 내가 한인2세들의 교육을 중단하게 된 유일한 원인일지도 모르겠다. 한인2세들을 어떤 방향으로 가르쳐야 할지 확신이 없었던 나는, 처음부터 끝까지 스스로의 이상과 외부의 기대 사이에서 방황했고 결국은 좌초하고 말았던 것이다.

　　나는 아이들의 삶이 자유롭기를 원했기 때문에 적어도 나의 밑에서 가르침을 받을 때만큼은 아이들이 그 누구보다도 명랑하게 지내는 것을 교육의 이상으로 삼았다. 한국만큼은 아닐 수도 있겠지만 독일아이들도 학교나 가정에서 여러 사회적 제약에 따른 스트레스를 받는다. 게다가 한인2세들이라면 그들의 이중적인 정체성 때문에 그러한 스트레스가 더 강하게 다가오게 마련이었다. 때문에 나는 한인2세의 문화교육이 그 자체로 아이들의 스트레스를 해소할 수 있기를 바랐고, 또 2세들의 청소년회관(Jugendzentrum)이 독일 내의 작지만 아늑한 '한국문화로 기능하기를 꿈꿨다.

　　하지만 그런 이상만큼이나 이른바 '전문적인' 교육에 대한 도덕적인 부담감도 끝까지 나를 따라다녔다. 나는 많은 한인2세들의 부모들이 내가 단순히 풍물 등의 문화교육뿐 아니라 한국의 역사·도덕·사회에 대한 전문적인 지식전달도 함께해 주기를 원한다고 느꼈다. 일부는 실제로 존재하는, 그리고 또 일부는 나의 내면에서 올라오는 압력이었으리라. 나는 처음부터 자유를 찾아 독일에 안착했으면서도, 이른바 '학식'에 대한 강박관념을 놓지 못했던 것이다.

물론 베를린에서 한인2세의 교육이 이 모든 것을 포괄할 수는 없었다. 나에게 그럴 능력이 있었는지부터 의심스러울 뿐 아니라, 만약 한인2세들에게 딱딱한 교육을 주입하려고 시도한다면 그건 애당초 나의 문화교육 취지에도 어긋날 따름이었기 때문이다. 하지만 결과적으로 이야기하자면, 나는 이 사이에서 균형을 잡으려다가 넘어지고 말았다. 지금 돌이켜보면 한국의 역사·도덕·사회에 관한 교육은 다른 기회로 미루고, 문화교육에 전념하는 식으로 나 자신의 자리를 확고히 다졌더라면 모든 게 더 나은 방향으로 흘러갔으리라는 생각이 든다. 하지만 문화활동을 비루하게 여기고 지식전달을 중시하는 한국의 주입식 교육에 이미 깊게 물들어 있던 나는, 이상과 관습 사이에서 갈팡질팡하다가 어느 순간 너무 지쳐버렸던 것이다.

나와 그리고 나의 뜻에 동감한 랄프는 분명 이 일을 누구보다도 의욕적으로 시작했었다. 그리고 앞서 이야기했듯이, 내 삶에서 가장 아름다운 추억들을 얻은 것도 바로 이 시기이다. 수많은 즐거움과 행복이 함께했었다. 하지만 우리는 꽤나 시간이 흐른 후에도 한인2세 문화교육의 터전을 독일 내의 '작지만 아늑한 한국'으로 만드는 데까지는 이르지 못했고, 결국 여기서 손을 놓게 되었다. 더 많은 씨앗을 뿌릴 수 있었을 수도 혹은 그곳에 나의 자리를 보다 온전하게 만들 수도 있었겠지만, 베를린에서 한인2세의 교육은 그렇게 끝났다.

그들도 우리처럼

나 자신에게든 타인에게든 확신을 주면서 과감하게 일을 진행하지 못하는 나의 이러한 단점은, 유감스럽게도 아직까지 나를 따라다니고 있다.

　　이렇듯 슬픈 일도 있었고 또 즐거운 일도 있었다. 하지만 한 가지 변함없는 사실은, 비옥하거나 자갈밭이거나 혹은 운명이든 필연이든 내가 가슴속 한가득 담고 왔던 씨앗들은 내가 어디 가든지 나의 자리를 마련해 주었다는 것이다. 아마 한국에 있었더라면 결코 찾을 수 없었던 그 자리들을, 나는 이곳 독일에서 찾거나 만들 수 있었다. 바로 그 부분이 내가 독일을 선택했다고, 그리고 그것이 좋은 선택이었다고 말할 수 있는 이유다.

　　1996년 나는 랄프의 새로운 직장이 있는 독일 남부지역 뮌헨으로 이사를 하게 되었다. 그리하여 1970년 독일에 첫 발을 내디딘 이래 27년 동안 살던 베를린을 떠났다. 주변의 많은 이들이 나를 걱정했다. 그렇게 오랜 시간 공을 들인 인간관계와 추억 그리고 무엇보다도 잘 다듬어놓은 '나의 자리'를 떠나서 도대체 어떻게 살 수 있겠냐고. 하지만 나는 정말이지 조금도 걱정하지 않았다. 처음 한국을 떠나오던 비행기 안에서, 40년 전 어느 버스 안에서, 보훔에서 그리고 청소년회관에서 나는 중요한 삶의 지혜를 얻었기 때문이다. 내 안에 풍성한 씨앗들이 있는 한, 나의 마음을 뿌리는 곳이 곧 나의 고향이고 또 나의 자리라는 것을.

뮌헨을 거쳐 지금 나는 헤센 주의 니더아우라는 시골동네에 살고 있다. 니더아우, 이곳은 한국인은 물론이고 대다수의 독일인에게조차 잘 알려지지 않은 소박한 독일 시골동네이다. 하지만 그 소박함만큼이나 많은 이야기를 담고 있는 곳이기도 하다. 다섯 마을로 이루어져 있는 니더아우는 160채의 가옥들이 시의 문화재로 등재되어 있을 정도로 유서가 깊다. 현재 도서관으로 활용되고 있는 옛 시청은 600년 전에 세워졌다. 그리고 대개의 시골동네가 그렇듯이, 노인인구의 비중이 높은 편이고 토박이들도 많고 사투리도 심하다. 도대체 이 시골동네에, 독일사람들이 주를 이루는 이곳에서 한국에서 온 여인의 자리가 어디 있을까.

하지만 언제나 그랬듯이, 나는 다시금 이곳에서도 씨를 뿌렸고 그리고 내 자리를 만들었다. 물론 그 과정에서 많은 운이 따라주었음은 분명하다. 우선 나는 친절한 이웃들 덕택에 새로운 집에서도 마음껏 장구연습을 할 수 있었다. 이후 나는 니더아우 지역농민여성회의 회원이 되면서 한 토박이 여성농민과 친해졌고, 그녀의 녹일인 손녀에게 꽹과리를 그리고 독일인 손자에게 북을 쥐어주었다. 그 아이들에게도 나에게도 전혀 생각하지 못했던, 하지만 충분히 훌륭한 시작이었다.

나는 그 아이들이 유치원에서 공연할 때 나의 장구공연을 잠시 보여주었고, 그것이 인연이 되어 관청 여성부의 지원을 받아 청소년회관에서 풍물을 가르칠 수 있게 되었다. 일주일에 한 차례, 90분

그들도 우리처럼

씩 나는 독일인들에게 풍물을 가르친다. 이곳 니더아우에서 '소낙비'라는 이름으로. 나는 어릴 적부터 천둥과 번개를 동반한 소나기가 한여름의 가뭄 때나 마을사람들의 마음이 메말라 있을 때 세상 모든 것을 시원하게 적셔주는 느낌을 참으로 좋아했었다. 때문에 소나기 내리듯 시원하게 두드려보자는 의미에서 '소낙비'라는 이름을 생각해 낸 것이다.

물론 독일인들에게 어색한 장구가락 탓에 얼마 후 그만두는 사람들도 있고, 한국의 악기를 다루는 것 자체를 곤혹스러워하는 사람들도 많다. 하지만 독일인들이 한국의 음악을 통해 조금씩 한국문화를 알아가는 과정 또한 함께하고 있다. 비록 실력이 좀처럼 늘지 않는 어설픈 풍물패지만, 우리는 매년 인근 중소도시인 하나우의 다문화축제에 참가하여 지역주민들과 함께 신명나게 한국의 문화를 나누고 있다. 참고로, 하나우는 동화모음집으로 유명한 그림형제의 고향이다.

내가 가지 않은 길이 어떠했을지는 함부로 말할 수 없다. 하지만 내가 자라던 시기의 한국사회에서는 생긴 대로의 나의 모습을 발현할 수 없었으리라. 오랜 시간과 경험을 통해 얻은 값진 교훈들이 있다면 내가 어디에 있는지 혹은 누구와 함께 있는지보다 더 중요한 것은, 내 가슴속에 무언가가 깃들여 있어야 한다는 것이다. 그리고 그것은 그 누가 가르쳐주는 '틀'에 얽매인 그럴싸한 모습이 아니라 자신의 것이어야 한다는 것도. 그런데 자신을 채워넣는 그 무언가는 나의 자유로운 발걸음이 이끄는 곳 이외에는 어디에도 존재하지 않는다는 것이 내가 지난 시간들을 통해 배운 '삶의 진실'이다. 이른바 '어른'들의 말을 고분고분 잘 듣는다고 해서 또는 사회에서 요구하는 표준적인 인간형이 된다고 해서 훗날 뭔가 대단한 보상이 기다리고 있지는 않다. 내가 자신의 자유로운 발걸음에 확신을 주며 따라나섰을 때, 그때 비로소 나는 내 가슴속의 씨앗들과 더불어 그것을 뿌릴 자리까지도 발견했던 것이 아닐까.

그들도 우리처럼

밥 먹읍시다!

아스트리트 헤스-라이허트

송선생님과의 이야기는 우리 동네 주간신문에 나온 "한국 민속장구 교실"이라는 광고와 함께 시작되었다. 나는 마치 감전된 것처럼 글을 읽고 곧바로 전화를 걸었다. "어머!" 하며 여성센터의 친절한 여자직 원분이 "초보과정은 벌써 꽉 찼습니다. 일단 대기자에 올리고 연락드 릴게요"라고 했다. 좀 실망한 마음으로 전화를 끊었다. 다행스럽고 놀 랍게도 이틀 후 전화가 울렸고 곧이어 선생님이 자리 하나가 남았다 고 전해 주셨다.

우리는 그 다음 주 목요일에 빈트에크 청소년센터에서 만났 다. 새로운 것이라면 한번쯤 경험해 보고 싶어하는 호탕한 성격의 여 성 여섯 명이었다. 각자 한국식 북과 북채를 받았다. 한국의 북인 '장 구'는 양쪽 끝이 가죽으로 덮인 전혀 본 적 없는 마치 거대한 모래시계 같았고, 우리는 모두 도취되어 첫 장단을 시도해 보았다. "통, 쿵, 다, 쿵" 그리고 "통, 통, 쿵, 쿵, 다, 다."

이미 불꽃은 붙었고 연습용 장구는 집에서도 연습할 수 있도록 대여가 가능했다. 그리고 이후부터 나는 날마다 대나무채로 오른쪽에 "다", 왼쪽에는 나무채로 "쿵" 하고 치는 연습을 했다. 이 얼마나 멋진 도전인가. 몇 번의 장구수업 후 선생님이 조언 한말씀을 해주었다. "무언가 새로운 것을 배우고 있는 순간이라면 우리는 언제나 젊은 겁니다!" 선생님은 이 말을 정말 진심으로 했다.

우리 여성 장구패 '소낙비'는 아주 빠르게 모양새가 갖춰졌고, 곧 그 한번으로 끝나지 않은 우리의 첫 공연을 프랑크푸르트 국제여성만남의 자리에 올리게 되었다. 처음으로 다 함께 무대에 선다는 것, 그것은 곧 화합을 보여주는 것이었다. 우리의 장구 벼락으로 우리가 직접 작곡한 곡을 천둥치게 했다.

"우리는 니더라우엔의 다섯 여성들!"
"우리 속에서 삶이 소리치네!"
"우리의 장구가 진동하네!"

이 일로 많은 용기를 얻게 되었다. 또한 잊을 수 없을 멋진 경험이었다.

그들도 우리처럼

선생님은 "함께 먹는 것이 유대다"라는 또 다른 조언과 함께 한국문화와의 유대감을 더욱 깊게 해주었다. 그리고 그 표어를 바탕으로 한 "밥 먹읍시다!"라는 구호로 모여서 요리를 하자고 했다. 시작에서 가장 중요한 것, 밥솥을 준비했다! 쌀밥에 또 쌀밥이 국그릇, 밥그릇에 퍼 담겨 식탁 가득히 오르고, 김치와 잡채 같은 맛있는 음식들도 잇따라 나왔다. 그러면서 당연히 밥은 계속 더 지었고. 이런 종류의 식사가 우리 모두에게는 상당히 낯선 것이었다. 나는 밥이 되는 것을 기다리며 허허허 웃었고, 한국의 북과 쌀밥에 또 쌀밥, 독일식 족발을 먹으며 듣는 "우프, 타아, 타아" 하는 독일음악의 차이점을 숙고하고 있었으며, 내심 나에게는 "통, 쿵, 다, 쿵" 하는 소리가 되레 더 좋다는 생각을 하였다.

몇 년이 지나면서 내 마음속 어딘가에서는 장구, 김치, 어림잡아 10톤쯤 되는 쌀, 한국문화 그리고 내가 자꾸 이렇게 계속 쌀밥을 먹어대면 언젠가 눈이 가늘어질 거라고 하셨던 우리 선생님까지 모두 아주 깊게 결합되어 갔다. 거의 8년이라는 시간이 지난 지금, 나는 기쁘게도 나의 삶에서 존경할 수 있는 사람으로 에너지 넘치는 한국인을 꼽을 수 있게 되었고, 다시 한번 나의 지평을 넓혔으며 또다른 문화를 향한 통찰을 하게 되었고, 이 모든 것에 정말 감사한다. 올해 우리 '소낙비'는 한국에 가보게 되었고, 그곳에서 실컷 쌀밥을 먹을 수 있었다.

(번역 : 김나리)

장구치기, 마음의 향유(香油)

기젤라 콘츠

여러 가지 개인적인 불운을 겪은 후에 나는 내 몸과 마음과 영혼을 다시금 조화롭게 할 수 있는 무언가를 찾아나섰다. 각종 타악기와 그 울림에 언제나 관심을 갖고 매혹되어 왔기에, 신문에서 한국장구 강좌가 개설된다는 것이 곧바로 눈에 띄었다. 게다가 선생님은 우리 동네에 살기까지 했고 말이다. 한국에서 온 장구가 어떻게 생겼는지, 또 내가 어떤 모험에 도전하게 될지 아무것도 모르는 상태였다. 그때, 만약 마음에 안 들면 워크숍까지만 하고 다시 관두면 되는 것이었다. 물론 그렇게 되지 않았지만 말이다.

이 대형 모래시계같이 생긴 악기에서 나오는 독특한 소리에 나는 곧바로 매료되어 버렸다. 첫번째 수업에 나가게 된 것이다. 그 모든 리듬, 음표, 거기 관련된 이름들 모두가 아주 낯설었다. 우리 선생

그들도 우리처럼

님인 금희씨는 듣는 힘으로 연주해야 한다고 했지만, 나에게는 아예 전혀 통하지가 않았다. 계속해서 "통, 통, 쿵 다 쿵" 같은 '소리'를 들으며 배웠지만, 내 개인적으로는 그냥 땀만 나는 정도가 아니라 완전히 혼란스러웠기에 아예 내 장구에다 악보를 붙여버렸다. 그럼으로써 최소한 뭔가 보이는 것에 의지할 수 있었던 것이다.

그리고 천천히 알게 되었다, 이것이 그저 단순히 치기만 해서 되는 것이 아니라는 것을. 말인즉슨, 최소한 나에게는 영혼을 다해 임했던 연주가 아니었고 그저 아주 어렵기만 한 것이었다는 게다. 집에서 더 많이 연습을 했어야 했지만 정작 하지 않았고 선생님께 많이 죄송한 부분이다. 더구나 공연에 대한 말이 나왔을 때는 정말 가슴이 철렁 내려앉았다. 내게 장구 치는 일과 한국 전통문화 그리고 그 뒤에 숨겨진 것들조차 더욱더 경이로운 일이 되어갔기에 그래도 어느 정도는 함께해 낼 수가 있었던 것이다.

한편 우리는 북, 징, 꽹과리 같은 한국음악의 다른 전통악기들에 대해서도 알게 되었다. 모든 것들이 각각 나름의 방식으로 낯설었으나 나에게는 아주 인상적이었고, 하여 계속해서 관심을 갖게 되었다. 그 밖에도 선생님 덕에 좋아하게 된 한국 고유의 음식들. 한국 음식은 여전히 너무 좋고, 심지어 내 아들녀석들도 그렇게 좋아한다. 가령 내가 냉장고에 김치를 넣어두어 냄새가 아주 심하게 나더라도 말이다.

이제 다시 공연에 관해서 말하면, 우리는 빌레펠트에 초대되었다. '재독한국여성모임' 발족 30주년을 기념하는 주말행사였다. 선생님으로부터 여성모임의 여러 가지 정치·사회 활동에 관한 이야기를 전해 들은 적이 있고, 그중 몇몇과는 이미 안면이 있기도 했다. 그들 한명 한명에게서, 또 그들의 삶의 행보에서 놀라움과 감동을 받은 것은 물론이다. 여하튼 우리는 빌레펠트에서 연주를 해야 하는 것이었다. 하지만 대놓고 이야기하자면 무척 긴장했었다.

그러나 그 주말의 분위기에 완전히 도취되어 일단 마음이 진정되기도 했다. 독일축제에서는 이런 삶의 기쁨을 거의 느껴본 적이 없었다. 이렇게 춤, 웃음, 음악을 통하여. 내가 언제 이렇게 정신 놓고 춤추고 노래한 적이 있었던가. 하지만 진정 놀란 것은 다음날 아침 6시, 내가 밤을 새고 아침에 졸린 눈을 하고 있을 때 옆방에서 들려왔던 밝은 한국노래와 웃음소리였다. "이 여성분들 도대체 어떻게 견디는 거지? 도대체 어디서 이런 끈기와 힘이 나오는 걸까?" 나는 이렇게 혼자 조용히 물었다. 그 해답은 나중에 얻게 된 것 같다.

빌레펠트에서 멋진 주말을 보낸 후, 매주 한번 있는 우리 연습시간이 다시 찾아왔다. 곡들은 점점 어렵고 길어져만 갔다. 모든 공연 직전마다 나는 하루 종일 긴장해서는, 고백하건대 스스로 정신 똑바로 차리려 정말 노력했었다.

그들도 우리처럼

그것이 진정 마음의 향유였을까, 내가 생각했던 대로 '자유롭게' 연주하는 것과 어떤 관계가 있었던 걸까? 아니면 그저 긴장과 부담이 되었을 뿐일까? 지난 몇 년간 이 질문을 수도 없이 했다. "쿵, 다, 다, 다, 다, 쿵…" 하는 것을 어찌해야 할지 몰라 포기하려던 순간들도 있었다. 하지만 나는 그렇게 하지도 않았거니와 되레 반대로 점점 내가 즐거워하고 있으며, 그럴수록 긴장하지도 않게 된다는 것을 인정할 수밖에 없었다.

여기에 또 다른 요인들도 있었다. 그것 중 하나가 우리 장구패이다. 중간에 잠시 다섯 명만 남은 적도 있었지만(성자씨는 한국인인데, 기쁘게도 다시 돌아와 주었다). 우리는 이제 8년을 함께 장구 치며 서로 잘 이해하게 되었고, 이미 타악기 연주부분에서도 함께 성장했다.

두번째로는 내가 한국이라는 나라와 그 문화에 더욱더 많은 관심과 호기심을 갖게 된 것이다. 우리 장구패 사람들과 함께 14일 동안 한국여행을 갔던 것은 정말 엄청난 행운이었다. 다시 한번 우리를 위해 이 일 모두를 준비해 준 금희씨에게 감사를 전하고 싶다. 그 여행은 꿈같았고 아직까지도 그러하다. 스스로도 정말 전세계를 여행 다녔다 했지만, 이 여행은 타의 추종을 불허했다. 우리가 경험했던 이 모든 것들은 말로 표현할 수 없을 정도인데다 정말이지 그 이상이었다. 무엇보다 한국사람들(대부분은 독일에서 이미 만났던 사람들이었다)을 비롯하여 몇몇 독일 남편분들과 함께 일주일 동안 전국여행을 할 수 있었던 것. 내부인이 아니면 가능하지 않았을 경험과 체험을 할 수 있었던 것이다.

　　수없이 돌아다녔던 순간들 중에서도 이 한 가지를 꼭 이야기하고 싶다. 이는 여성들의 그 놀라운 힘에 대한 내 물음에 다시 한번 다가가는 것이다(이분들에게서 빌레펠트에서와 같은 감명을 받았다). 상당히 힘들었던 하루를 보낸 후에도 저녁에는 그렇게 많이 웃고, 음악(역시 전통악기로 연주된 곡들이 많았다)과 함께 노래하고 춤추며 즐길 수 있다는 것. 막걸리와 (한국인에게는 정말 중요한) 좋은 음식이 빠질 수는 없었다. 저녁에는 이런 시간들을 보내고 그래서 잠잘 시간이 짧았다 할지라도, 나는 또 다음날을 위한 힘과 기운을 얻을 수 있었다.

　　하지만 다시 장구 이야기로 돌아가서, 이 모든 체험들을 통해 나는 한국과 이에 관련된 모든 것에 강한 유대감을 갖게 되었다. 이제 장구를 아주 다른 시각으로 보게 되었고, 이 일을 계속할 것이라는 것을 스스로 알고 있다. 특히 얼마 전부터는 묵도 치고 있을 성도이며, 그러면서 진심으로 이런 느낌을 가지게 되었다. 이는 진정 마음을 어루만지는 향기로운 기름이로구나!

(번역 : 김나리)

알파벳으로 생각한 한국

에델트라우트 슈시클레브

A: Anfang 시작

시작은 2003년 4월 26일이었다. 프랑크푸르트 근처의 니더라우에서 '장구 워크숍' 공고가 나왔다. 송금희 선생님과 함께 거의 3시간 동안 장구치기를 경험했다. 한국의 북소리는 베를린에서 열렸던 바디테라피협회 개막식에서 처음 들었었다. 그때 정말 신이 났었다. 시작과 함께 그후로는 정기적으로 일주일에 한번씩 수업을 받게 되었다.

B: Bauernmusik 농악

선생님은 장구의 전통에 대해 설명하며 전통적으로는 다른 여러 악기들과 함께 연주하는 것이라 했다. 논에서 음악을 한다는 상상을 하니 그 평온한 농사 분위기가 하나의 그림으로 떠올랐다. 농악! 그런데 장구라는 악기가 전부가 아니라 하니 나에겐 좀 뜻밖의 일이었다.

전에 아프리카 북 연주를 봤을 때처럼 그렇게 북이 '하나'일 거라고만 생각했던 것이다. 그러면서 다른 악기들을 보게 되었다.

첫번째가 처음부터 그 깊고 힘 있는 소리로 나를 감동시켰던 북 그리고 우리 유럽인들에게 낯설지만은 않은 징이었다. 여러 징의 울림을 들으면 평온을 느낀다고들 한다. 꽹과리는 그 높은 쇳소리 때문에 가장 낯선 느낌이었다. 게다가 마지막에는 춤도 추고 노래도 불렀다.

점차 방향을 파악하긴 했지만 그 춤추는 방식이 내게는 정말이지 이상하게 느껴졌었다. 그렇다고 내가 이 동작을 정말로 제대로 익혀보려고 했다는 뜻은 아니다. 계속해서 마음속에 갈등이 생겨났다. 내가 원래 장구만 치려던 것 아니었나 하는 것 그리고 낯선 것에 매력을 느끼고 매료되는 것. 노래 부르는 것은 그래도 쉬웠다. 〈아리랑〉은 부르는 게 참 즐거웠다. 아무리 한국 특유의 그 '음색'을 내느라 연습을 많이 해야 했더라도 말이다.

C: Circa 대략

대략 10만 번 정도 선생님은 우리에게 손가락, 손, 팔, 어깨, 호흡 그리고 몸 전체의 자세에 대해 설명하였다. 단지 제대로 된 소리를 낼 수 있기 위해서.

D: Dankbarkeit 감사

지난 8년 동안 선생님을 통해 배운 모든 것들 그리고 그동안 지속된

그들도 우리처럼

'거의' 끝이 없는 그 참을성에 감사한다. 부담 없이 배우고 연주할 수 있었다. 타인들과 타문화를 접하고 이해하며 그를 통해 내 시각을 넓힐 수 있는 동기부여를 계속해서 받아왔고, 또 받고 있다. 선생님, 감사합니다.

E: Essen 음식

얼마 지나지 않아 선생님이 밥통과 김치, 그외에 맛있는 것들을 수업시간에 들고 왔다. 여러 번의 연습시간 사이사이에 우리는 한국음식을 접하고 음미했다. 함께하는 시간을 이렇게 기발하게 꾸며준 것에 감동했다.

내 미각은 새로운 것을 알게 되었고 그렇게 함께 앉아 나누는 시간이 즐거웠다. 그때만 해도 우리는 이 호사스런 경험들이 한국에 갔을 때 또 한번 유용하게 쓰일 줄은 몰랐었다.

F: Fremd 다른, 낯선

낯선 익숙함. 그 몇 년 동안 우리는 실로 많은 것을 함께했다. 외모, 표현, 언어, 문화의 낯섦은 그런 경험들을 통해 익숙해져 갔다. 이는 내 삶에서 얻은 큰 풍요이다.

G: Grenze 한계

연주할 때 나는 한계를 느낀다. 특히 우리 선생님이나 경험 많고 훌륭한 다른 연주자들을 볼 때 더 그렇다. 그럴 때면 내 몰입도와 능력에 한계가 있음을 알게 되고, 내가 그 기본능력을 갖추기 위해 이 문화 속에 뿌리를 내려야 하는지를 스스로에게 묻게 된다.

H: Humor 유머

틀린 소리를 내거나 박자를 잘못 치는 순간들에도 우리 곁에는 늘 유머와 웃음이 있었다. 그래서 쉽게 하고, 계속하고, 긍정적으로 생각하는 분위기를 이끌어냈다.

I: Intuition 직감

처음에는 거의 악보를 보면서 연주했었다. 우리가 알던 악보 쓰는 법과 완전히 다른 형식의 이 그림들에 일단 적응해야 했다. 그리고 중간 중간 계속해서 악보 없이 연주하는 연습을 하였다. 그러다 '휘모리'라는 특별한 장단도 연주했는데, 직감으로 나가도록 우리 스스로를 내버려둘 수 있는 그런 장단이었다.

J: Japan 일본

내가 지금까지 운전한 차들 중에 일본차도 있었다. 한국과 일본이 어떤 관계인지, 지난 세기 수십 년 동안 지배관계에 있었던 것, 강제적으로 일본 종군위안부가 되어야 했던 것, 일본해가 한국에서는 동해로 불린다는 것, 이 모든 것을 선생님에게 들었다. 이 독일땅에서 '재독한국여성모임'과 '베를린 일본여성모임' 회원들이 함께 과거의 종군위안부 문제를 이야기하며 교류하고 있다는 사실도 함께 말이다.

K: Korea 한국

언젠가 우리의 주중 모임에 선생님이 와서 묻기를, "한국에 여행 가고 싶은 생각이 없냐?"는 것이었다. 그리고 2010년 10월에 이 여행이 현실화되었다. 우리 모두 함께 한국에 간 것이다!

이 빡빡한 여행일정은 일단 우리를 서울에 데려다놓았다. 이곳에서 '재독한국여성모임' 회원들과 만나 함께 8일 동안 전국을 여행했다. 조선유학자기념관, 수많은 사찰들, 5·18기념재단, 탈춤, 케이블카, 동해, 진도, 맛나는 음식들, 논과 대나무밭 사이의 산책길, 많이 즐거워하고 웃으며 '막걸리'도 마셨던 저녁시간, 거기다 장구연주까지도 모두 소화하기엔 24시간이 너무 짧게 느껴졌다. 그러나 놀랍게도 언제나 새로운 것들에 호기심을 가질 충분한 에너지가 새로 생겨나곤 했다. 그리고 몇몇 사람들과 따로 양로원에 갔던 것, 편안하고 따뜻하게 맞이해 주시며 식사에 잠자리까지 허락해 주셨던 분들. 모두 정말 고마운 경험들이었다.

그저 왔다 가는 여행객이었다면 이렇게 깊이 한국을 체험할 수 없었을 것이다. 또한 이번 여행에서 나는 그 '낯선 익숙함'을 느꼈다.

L: Lesung 낭독회

'정신, 영혼, 육체의 삼위일체'라는 단어가 언제고 다시금 중요성을 띠게 되는 것은 선생님 때문일까, 아니면 한국의 문화가 그런 것일까? 어쨌건 우리가 장구로 연결되어 있다는 측면뿐만 아니라 하더라도,

처음부터 불가능이란 거의 없었다. 그래서 '재독한국여성모임'이 낸 책 *Zuhause*(집에서)를 소개하는 낭독회와 장구를 함께 연결하는 것이 가능했다. 다시금 선생님이 얼마나 자신이 마주하게 되는 것을 받아들일 준비가 되어 있고 열린 사람인지를 체험하게 된다.

M: Maggoli 막걸리

'막걸리' 없는 한국여행? 상상할 수도 없다! 독일에서도 이미 마셔봤지만, 한국에서 '막걸리'와 '소주'를 마시며 보냈던 그 아름답고 흥미로웠던 정겨운 저녁시간들은 내 기억 속에 여전히 남아 있다.

N: Neugier 호기심

호기심의 발로는 장구였다. 그러다가 시간이 지나면서 한국음식에 대한 호기심, 선생님에 대한 호기심, 한국 문화와 역사에 대한 호기심 그리고 한국이라는 나라를 알아가는 것에 대한 호기심으로 점점 퍼져갔다.

O: Oberhaupt 대장님

시간이 지나면서 친구관계가 되긴 했지만, 장구수업에서 선생님은 여전히 우리 대장이다!

P: Peter 페터

우리 남편 페터도 우리 장구패 일원이다. 남편은 장구도 치지 않고 연

그들도 우리처럼

습도 오지 않지만, 우리 모두에다 남자분들까지 모두 모일 때는 다같이 친하게들 지낸다. 공연 때는 남자분들이 장구 옮기는 걸 도와주어 아주 '유용'하다. 우리 딸 마샤는 우리 모임 중 한 명이 빠지거나 할 때 징을 치기도 한다.

Q: Qualität 질

매번 반복하여 또 "끼딱" 하며 연습하는 것만 보아도 우리가 얼마나 질적으로 좋은 환경에서 배우는지 알 수 있다. 아마 한국인들에게는 이미 전통음악을 통해 익숙할 이 고전장단을 익히느라 나는 상당한 공을 들여야 했다. 움직임 하나가 이렇게 어려울 수가. 그러나 이 부분이 바로 경지에 이르는 과정의 매력이라 하겠다.

R: Respekt 존중

우리 모두 서로서로가 우리 패 단원 각자의 차이점과 문화적 배경을 존중하며 서로 나누고 있다는 사실은 자명하다. 초반에 새롭고 낯설었던 것은 비단 한국 혹은 아시아적인 것만이 아니었다. 각기 달랐던 단원 한사람 한사람의 개성 또한 그러했다. 서로에 대한 존중과 존경을 우리의 밑바탕으로 하였기에 많은 것들을 함께해 올 수 있었다.

S: Soung-Ja 성자씨

선생님 외에 한국태생의 장구패 일원으로 성자씨가 있다. 나에게 또 다른 한국의 모습을 보여준 사람이다. 성자씨, 아스트리드, 기젤라, 금희씨 그리고 나까지 우리가 이 장구패에서 함께한다는 사실이 기쁘기 그지없다.

T: Trommeln 장구연주

보성씨, 명현씨를 비롯해 선생님은 멋진 장구연주가이며, 올해 한국에서도 정말 멋진 연주가들을 많이 볼 수 있었다. 나는 그렇게까지 잘하고 싶다는 주제넘은 욕심은 갖고 있지 않다. 하지만 나는 한국악기 장구를 연주하는 것이 좋다. 집중하지 않으면 장단에서 쉽게 떨어져 나가버릴 수가 있기 때문에 집중하는 인내력을 배우게 된다. 그럴 때는 여러 다른 장단을 하나하나 입으로 같이 읊어보는 것이 장단을 맞추는 데 도움이 된다. 장구는 어느새 내 삶의 일부가 되었고 이에 매우 감사하고 있다.

U: Unabhängig 얽매이지 않는

우리 선생님이 관습과 엄격함에 얽매이지 않는 사람이라는 사실을 매번 다시 느낀다. 이로써 내가 스스로 발전할 수 있는 소중한 자유 공간을 얻게 되었다.

V: Vielseitig 다양한

우리가 배워온 악기들은 다양하다. 노래나 춤, 특히 모자에 끈을 묶어 머리로 돌리는 '상모'라는 춤 같은 여타의 요소들이 보여주는 가능성도 아주 다양하다. 이러한 다양성은 흥미를 유발시킨다.

W: Weg 길

2003년에 이 길로 접어들었을 때는 앞으로 어떤 일들이 일어날지 꿈에도 몰랐었다. 지금까지 여기에 쓴 내 경험들은 내 인생을 풍요롭게 했고, 이 모든 것들을 절대 잊지 않을 작정이다.

X: XXL 초대형

XXL은 우리 '프로젝트'가 그 사이 이루어낸 만큼의 크기를 상징적으로 표현해 본 것이다!

Y: Yoo, Jung-Sook 유정숙

유정숙씨는 우리의 한국여행 일정 내내 이 나라의 역사적 배경과 맥락에 대해 설명해 주었다. 5·18기념재단에 초대해 주었던 것에 감사를 표한다. 우리를 너무도 친절하게 맞이해 주었고, 1980년 광주에서 어떤 일이 일어났는지 많이 또한 자세하게 들려주었다.

Z: Zum Schluss 마지막으로

마지막으로, 한국으로 뜨거운 안부를 전하며 즐겁게 읽으셨기를 바랍니다!

(번역 : 김나리)

4

이주여성을 말하다

좌담

참석자

유정숙(사회)

안차조

한정로

손행자

조국남

김정자

송현숙

송금희

김순임

박정자

이수복

사회(유정숙)　우리 재독여성모임 회원들이 독일 전역에 살고 있어 모임을 하면 2박3일을 할 수밖에 없는 것이 당연지사로 여기는데요, 먼 길 마다 않고 오늘 베를린으로 오신 회원님들 수고하셨습니다. 하기야 30년 넘게 이렇게 모여와서 몸에 배어버린 습관처럼 되었지만요. (모두 웃음)

　　　　이번 좌담회는 우리들이 대상이 되어 분석되는 것이 아니라 우리 각자 쓴 글들과 함께 이주여성의 주체로서 경험을 통해 이주의 형상과 의미를 역동적으로 찾아내어 보는 것입니다. 어떤 계기로 왔든지 각 개인의 주관적인 입장, 장소이동을 한 이주민여성으로서의 우리의 경험에 대해 얘기해 봤으면 합니다.

왜, 독일로?

안차조(경남 밀양)　중학교 졸업하고 나서 집안사정 때문에 마산에 있는 간호고등학교를 갔어요. 4·19혁명의 전초가 된 김주열 학생이 눈에 최루탄이 박혀 마산 앞바다에 시체로 빌건되는 사건이 있었는데, 당시 정치적 의식 같은 것은 없었지만 이 소식을 듣는 순간의 끔찍함은 잊을 수가 없어요. 졸업 후 보건소에서 일할 때가 박정희 군부독재였는데, "돈 없고 인맥 없는 사람은 아예 아무것도 못하는 것"이 현실이라는 것은 알고 있었어요.

　　　　보건소 근무시절 신문에 "파독간호사 모집" 광고가 나오자 보건소 동료들의 관심이 높아지면서 특히 "독일에 가면 돈을 얼마나 벌고" 하는 말에 솔깃했어요. 당시만 해도 외국 나간다는 것은 생각도 못할 일이었거든요. 아버님이 굉장히 완고하셔서 허락하지 않으실 것 같아 처음에는 굉장히 망설이다가 나 혼자 몰래 수속을 밟기 시작했습니다.

당시 5급 공무원으로 돈 벌어서 동생들 학비 주고 나면 내가 쓸 돈이 없는 형편이었어요. 월부로 옷이라도 해 입다 보면 양장점에 빚은 늘어나고…. 용기를 내, 아버님께 양장점 빚이며 빌려서 한 수속비용은 독일간호사 월급으로 쉽게 갚을 수 있으니 가게 해달라고 말씀드렸더니, 우리 아버님 아무 말도 안 하시고 한참 그냥 계시기에, 나는 아따 틀렸다 생각했는데 아버님이 그러시더라고요. "그래, 내가 힘이 없고 돈이 없어서 너희들 교육도 많이 못 시켰으니 일단 네가 원하면 가서 건강하게 있다가 유럽에서 좋은 거 많이 보고 그래 오거라."

사회(서울)　　떠나올 때가 몇 살이었어요?

안차조　　66년 가을이었으니 스물한 살 꽃다운 청춘이었죠.

한정로(경북 달성)　　저도 66년 가을, 꽃다운 스물한 살에 떠나왔어요. 안차조씨 이야기를 들으니까, 그때 저는 조금 애기 같았다는 생각이 드네요. 육남매 중간이다 보니 언니들처럼 책임감을 느끼지 못했고, 그저 동네에서 '가시나들 골목대장' 노릇 하면서 컸죠.

우리 집은 대구였는데 대구에는 간호학교가 없었어요. 간호사가 뭔지도 모르는 나에게 어느 날 언니가, 대전에 간호고등학교가 있는데 경쟁은 심하지만 학비도 기숙사비도 무료이니 무조건 시험을 보라고 하더라고요. 근데 덜컥 합격했어요. 졸업하고 경북대학병원에 취직이 되어, 가서는 간호고등학교 출신이라고 무시도 받았지만 대인관계가 좋았는지 무난하게 생활했어요. 그러다 독일 간 사람들 돈도 무지하게, 뭐 수천 배는 벌고 잘산다는 소문을 들었어요. 가기도 쉽고 가면 여행도 많이 할 수 있다는 거예요.

　　　당시에는 정말 지루하고 수동적인 생활이었어요. 아무것도 없잖아요. 그런 계기로 독일 가면 유럽이니깐 여행도 많이 하겠다, 그리고 돈이 없어서 간호학교 갔는데 어쩌면 공부도 할 수 있겠다 싶어 신청을 해버렸어요.

사회　공부를 하겠다는 마음이 강렬했어요?

한성모　아주 그렇지는 않고, 뭐 그런 정도였죠. 제일 중요한 기는, 기기 가면 한국에 없는 파티도 있다 하고, 잘 노는 내 성격에 맞는다는 거였어요. 부모님한테 졸라서 빨간색, 파란색 파티복을 빚을 내서 샀다니까요. (웃음) 그만큼 생각이 없었죠. 부모님은 그저 3년 계약이라 하니까, 3년 후면 돌아오겠거니 하고 가라고 하신 거예요.

손행자(전남 광주)　제가 전남여고를 나왔는데, 그때까지는 평탄한 생활을 했어요. 부유하지는 않았지만 그래도 아버지가 경찰서장이시니깐 그런대로 살았는데, 4·19혁명이 난 뒤로 아버지가 직장을 그만두게 되었어요. 그 무렵 저는 시집 같은 것은 생각도 안 해봤고 직업을 가져야 한다는 생각에 조선대학 약대를 들어갔어요. 그런데 평생을 경찰 수사계통에서 일하신 아버지께서 갑자기 직장은 없어지고 연금이 목돈으로 나오니까, 그 돈으로 덜컥 책방을 차렸어요. 이 양반이 맨날 글 쓰고 책 읽는 거 좋아하셔서 책방을 차렸는데, 경황없이 책방이 잘됩니까? 아무튼 대학 일학년 마쳤을 때 아버지가 "행자야, 아무래도 니가 학교를 그만둬야 되겠다" 그러시더라고요. 할 수 없이 학교 그만두고, 별걸 다 해봤어요. 병원에서도 일해 보고 고아원, 원불교에 가서 일하기도 하고. "카인 플라츠 퓌어 미흐"(Kein Platz fuer mich, 내 자리는 없다).

그러니깐 나는 한국에 아무리 있어도 대학에 돌아갈 형편도 안 되니 독일에 가봐야지 하고 왔기 때문에, 다른 사람들은 울고 그러는데 악착같이 독일말 배워가지고 아무튼 여기서 뭔가 노력해서 나가야지 했어요. 울지도 않았고 힘들지도 않았죠.

조국남(경북 김천) 나는 스물두 살 때인 1970년에 왔는데, 오기 전에 간호사자격증 따고 나서 3년 동안 한국에서 근무했는데 그 당시 내가 계속 움직일까 봐 병원에서 나를 잡으려고 보수도 올려주고 그랬어요. 사실은 인문계 고등학교를 가고 싶었지만 집안의 경제적 상황이 나를 직업학교로 가게 했죠. 중학교 때 담임선생님이 어느 날 나하고 어머니를 불러서, 이런 학교가 있는데 여기 가면 직업을 빨리 얻을 수 있어 사회생활에 빨리 들어갈 수 있을 거라고 조언을 해가지고 따랐죠, 뭐.

근데 집안의 경제사정을 알고 또 직업학교를 다니다 보니, 유년시절 같은 건 없어지고 빨리 어른이 된 거 같아요. 의무적으로 기숙사에 들어가야 했으니깐 중학교 졸업하고는 바로 자립했다고 할 수 있죠. 저는 처음에는 미국으로 가려고 토플시험도 쳐서 텍사스 어디서 오라고 했는데 좀 오래 걸리더라고요. 그런데 주변에서 독일 갔다 온 사람들 이야기 들어보니까 가서 돈도 번다는 거예요. 그땐 외국 나간다는 거는 꿈같은 이야기였는데, 이런저런 생각 끝에 독일로 가자고 결정했죠. 어린 나이부터 집안에 책임감, 그런 걸 가지고 있었기 때문에 어쨌든 독일 가서 돈 벌어서 여동생들은 계속 학교를 다닐 수 있게 하자, 그게 결정적이었던 거 같아요.

사회   어쨌든 그 당시 한국에서는 외국을 한번 나가본다는 정말 동경하는, 그런 거는 모두 다 가지고 있었던 거죠?

조국남   지금 와서 그 상황을 돌아보면, 학교교육에서 서양문화를 굉장히 우세적으로 다루면서 한국문화는 좀 비하시키는 그런 게 있으니깐 동경의 대상이 되었던 것 같아요. 그 속에서 우리가 서양에 대한 꿈을 꾸게 만들었던 거 같아요. 서양보다 특히 미국, 미국이 정말 그랬어요. 우리가 이승만시대에 자랐잖아요. 미국은 정말 그냥 별

나라였어요, 천국.

안차조   맞아요, 나도 어릴 때 그렇게 생각했어요.

조국남   더구나 연줄이 있어야 직장을 얻고, 아니면 돈을 넣어줘야 공무원이 되든가, 그런 시절이었어요. 그런 연줄도 없고 가난했던 그 시절에 어리면서도 이런 부정부패에 대해 속으로는 굉장히 분개했던 기억이 나요. 간호학교 졸업하고 병원에서 3년 일하면서 신문도 만들고 그랬는데, 의사들의 권위의식을 보면서 아무리 해봤자 소용없구나 하는 생각을 했어요.

김정자(경북 울진)   저도 사실 돈을 벌려고 왔어요. 간호고등학교 1학년 때 우리 엄마가 고혈압으로 눈이 멀었어요. 내가 간호학교 입학할 때도 집에 돈 한 푼 없어서 빚을 내야 했어요. 3년 공부 마치고 돈 벌어서 빚을 갚기로 하고요. 그런데 입학하자마자 엄마가 그렇게 되셨어요. 눈 고치려고 좋다는 안과의사는 다 찾아다녔지만 고치지도 못하고 빚만 태산같이 쌓여서 나중에 간호학교를 졸업하고 보니 이것 해결하지 않으면 안 되겠더라고요.

　　그래서 돈 벌려고 왔어요. 그게 첫째고, 둘째는 그놈의 부패. 우리나라의 부정부패, 정말 싫었어요. 아무리 노력해도 배부르고 안정된 생활을 찾을 수 없었던 너무나 험한 세월에서 벗어나고 싶었던 욕망. 그래서 나는 나간다, 여기서 안 살 거야, 내가 다시 태어나도 이

땅에서 태어나지 않을 거야, 전 그러고 나왔어요.

송현숙(전남 담양) 저는 아주 시골에서 태어났고 형제가 여덟이에요. 자수성가하신 할아버지는 현대교육을 받아들이시질 않아 아버지는 초등학교만 나오셨어요. 그러나 아버지는 아들딸 가리지 않고 힘 닿는 데까지 학교를 보낼 만큼 교육열이 높으셨어요. 농부였지만 "당시는 중학교만 나와도 초등학교 교사가 될 수 있었는데" 하시며 일생 동안 아쉬워하셨죠. 아마 할아버지가 오래 살아 계셨다면 손녀들은 학교를 못 갔을 거예요. 아무튼 저는 시골에서 광주로 중학교를 가게 되었고, 작은오빠가 먼저 학교를 다니고 있어서 우리는 셋방을 얻어 자취를 했어요. 그러다 보니 중학교 일학년 때부터 밥, 빨래, 김치, 나중에는 간장도 담았죠. 교복만은 오빠가 다렸어요. 불공평하다는 생각은 했지만, 그보다는 전기도 들어오는 큰 도시 광주에서 현대교육을 받게 해주신 부모님께 고마운 마음만 있었죠.

　　　　당시에는 어디를 가도 교복을 입고 다녀야 한다는 학칙이 있었지만, 시골집에 갈 때만은 사복으로 바꿔 입었어요. 또래아이들에게 교복은 선망의 대상이었기 때문에, 뭔가 불공평하다는 생각이 들어 교복 입은 모습을 보여주기 싫었어요. 시골친구들과 동등한 관계로 지내고 싶었죠. 그래서 껌 한 통 사가지고 가도 같이 나눠먹는 등 이런 것을 지키면서 살려고 노력했어요. 고등학교 갈 때쯤 되니 시골친구들이 서울 평화시장에 시다로, 미싱사로 가고 또 광주에 있는 수출회사인 가발공장이나 전자공장 혹은 서울로 식모살이도 가더라고요. 그래서 시골에는 내 또래의 친구들이 사라져 버렸죠. 사회의식이 있었던 것은 아니었는데도, 시골공동체에서 옹색해도 서로 도우며 살아왔는데 부모가 누구냐에 따라 서로의 행로가 달라지는 것을 보면서 사회적인 불평등에 대한 의식이 조금 생겼던 것 같아요.

고등학교까지는 미래를 꿈꾸며 살았으나, 막상 아버지가 기대하던 교대를 갈 실력은 못 되었어요. 공무원을 해볼까 하고 공무원 학원을 다녔으나 연령미만이라 안 되고, 광주 전남방직이라도 갈까 하고 알아봤더니 학력이 높다고 받아주지 않더라고요. 시골에 있다 잘못하면 중매가 들어와 혼인하라 할지 모르니 어떻게든 직장을 찾아야 한다는 강박관념에 사로잡혀 있었는데, 이미 독일 가서 병원에서 일하고 있던 고등학교 친구와 편지를 주고받게 되었어요. 그 친구 아버지가 광주에서 간호보조원 양성소를 하셨는데, 집에다가는 면사무소 직원이 되려 한다면서 양성소를 다녔어요. 속으로는 독일로 갈 생각을 하면서.

농촌에서 자라서 순종적인 삶을 살아오긴 했지만 성장할수록 이에 대한 반감도 생기고 자립하고 싶은 충동이 강했어요. 독일 가는 수속을 하다가 결국 아버지한테 들켰으나 아버지는 더 이상 말릴 수 없다고 생각하셨는데 어머니가 문제였어요. 너무 걱정이 된 나머지 어머니는 점쟁이에게 가서 물어보았더니 "당신 둘째딸은 새처럼 훨훨 날아다니게 해야 하겠소"라고 하는 바람에 독일행 문제를 해결했죠. 비용은 큰오빠에게 장문의 편지를 써 이십만 원을 빌렸죠. 물론 금방 다 갚았지만.

송금희(충남 부여)   제 생각에, 저의 경우는 여러분들과는 정말 많이 다릅니다. 여러분들 이야기 들어보니 다들 공부도 잘하고 그랬는데, 저는 어려서부터 정말 공부 못하고 그저 놀고 춤추고 노래하는 그런 것들만 좋아했어요. 뭐 그래서, 지금 여기서도 그런 역할을 하고 있습니다만. 그리고 제가 여기 독일에 온 데는 돈문제도 물론 중요했지만, 그게 유일한 이유만은 아니었습니다.

사실 저는 가난이 뭔지 제대로 알지는 못했던 것 같아요. 주위에서 애들이 굶고 그런 건 봤지만. 초등학교 때 도시락 반찬으로 소금만 싸오는 애들도 있었는데 그럼 내 반찬하고 바꿔먹곤 했어요, 그냥 그게 기분이 좋아서. 그런 게 얼마나 괴로운지는 전혀 몰랐던 거죠. 다만 외국영화 보면 남자들이 부엌에 들어가서 일하는 게 유독 눈에 띄었어요. 전 어릴 때부터 불만이, 우리 어머니가 자기도 여자면서 아들한테만 잘해 주고 딸들을 차별하는 것이었어요. 그러면 엄마는 열 손가락 깨물어서 안 아픈 손가락 없다, 나는 더 자세한 설명은 못하겠다, 너도 나중에 시집가서 애기 낳으면 다 이해할 거다, 이러셨어요. 딱 그 정도만 이야기하셨는데, 제가 아이가 없으니 당연히 지는 그게 무슨 의미인지 아직도 모릅니다.

어쨌든 제가 독일에 온 가장 중요한 동기는, 외국 나가서 자유롭게 살고 싶은 것이었어요. 연애도 하고 싶었고요. 그때 전, 남자들은 연애해도 상관없는데 왜 여자들은 연애하면 결혼하기 힘들까 이런 생각이 들었습니다. 저는 자유롭게 연애하고 싶었거든요. 물론 한국에서도 연애를 했지만, 다 몰래 하느라고 숨이 막히고 너무 싫었

좌 담

어요. 어쨌든 마침 간호보조원으로 일하고 있었으니까 독일에 올 너무 좋은 기회가 생겼던 겁니다. 독일에 오니 모든 게 너무 좋았어요. 자유를 만끽할 수 있는 게 좋았어요.

어쩌면 저의 지난 삶, 이를테면 제가 젊은 남자랑 결혼해서 살고 이러는 것도 다 일종의 자유에 대한 갈망 때문인 것 같아요. 한국은 특히 부부는 남자보다 여자가 더 어려야 한다고들 했는데, 제게는 그런 것들이 항상 다 의문이었고 절대 그렇게 살고 싶지 않았어요. 남녀가 평등한 걸 원했지요. 옛날에 어떤 여성 국회의원이 남자옷 입고 동네에 와서 연설을 했던 적이 있어요. 부정선거를 고발하는 내용이었는데, 돈을 주고받으며 자기 찍어달라 하는 세태를 비판한 겁니다. 저는 막 신나서 박수쳤어요. 근데 그 사람이 당시 야당이었는데 제가 박수를 치니까, 누가 나보고 "박수 치지 마. 네 아버지 큰일 나" 이러더라고요. (웃음) 사실 그때 정치의식 같은 건 없었어요. 단지 불쌍한 거 못 보는, 좀 그런 게 있었을 따름입니다. 또는 불평등 같은 문제. 저는 일상생활에서도 이런 문제들을 보면 항상 싸우고 대들었습니다. 정치의식, 가난, 부정 이런 건 전혀 모르고 단지 옳고 그른 것에 대한 느낌 정도 있었던 겁니다. 그러니까 뭘 잘 모르면서도 그 여자가 부정선거 비판할 때 좋아서 박수쳤겠지요.

어쨌든 저는 독일 와서 한번도 후회한 적 없고, 지금도 자유롭게 살고 있습니다.

조국남　남자가 부엌에 들어가면 불알 떨어진다고 그랬지요. (웃음) 그때만이 아니라 84년, 85년 한국 가서 살 때 남편이 부엌에서 일하잖아요, 그러면 동네어른들이 와서 "아, 남자가 불알 떨어지게 부엌에 간다"고 그랬어요. (웃음)

김순임(전남 장흥) 저는 초등학교 때부터 상당히 불평등한 걸 느끼면서 살았어요. 학교에서 선생들이 편애하는 게 그렇게 걸렸어요. 내가 생각할 때는 내가 저네들보다 성적도 월등하게 우수하고 질 게 하나도 없는데 선생들이 나를 예뻐하지 않는 거예요. 그런 것부터 참 불만이었어요. 그런데 우리 부모님이 아들을 늦게 낳았어요. 첫아들을 낳고 그애가 초등학교 들어갈 때부터, 이 아이는 꼭 광주초등학교, 광주일고를 가야 된다는 거예요. 그게 명문고였어요. 저에겐 중학교 졸업할 즈음 사범학교를 가야 된다는 거예요. 저는 초등학교 선생들한테 실망했기 때문에 그때부터 선생님을 존경하거나 흠모하고 그런 게 없었어요. 그래서 나는 사범학교 안 간다며 몰래 간호학교에 시험 봤는데 합격했죠.

        하지만 간호학교 들어가서 너무나 실망을 많이 했어요. 간호학교 공부가 처음부터 끝까지 전부 외워야 하잖아요. 나하고는 거리가 먼 공부여서 맨날 다른 책만 읽었어요. 그러고 간호학교 딱 끝나자 간호사도 하기 싫더라고요. 그래서 시골 양호교사로 갔는데, 그것도 흥미가 없는데다 집에서는 좀 있다 시집가야 된다 하고. 참 여자 팔자라는 게 그렇더라고요. 그때 우리 집에서는 『경향신문』을 봤는데, 파독간호사 모집광고가 났어요. 지원을 했는데 1차 케이스에서 떨어졌어요. 그때는 국회의원 한 사람에 간호사 한 사람씩, 이렇게 했다는 소문이 있었어요. 1965년도였거든요. 그때부터 부정부패를 알게 된 것 같아요. 근데 한 선배 집안에 국회의원이 있었어요. 그 선배 소개로 국회의원 비서관을 만나, 부탁을 했어요. 어쨌든 그 사람 도움 때문인지는 몰라도 2차에 됐어요.

그런데 출국수속을 밟으려고 해외개발공사에서 여권을 모아서 신청을 했는데 우리 외삼촌 때문에 제 것만 딱 안 나왔어요. 어릴 때부터 외삼촌 일은 저에게 상처였어요. 우리 외삼촌, 너무나 잘생기고 똑똑한 외삼촌이거든요. 그래서 형부한테 앙탈을 부리며 매달렸어요. 세상에, 이런 세상이 어디가 있냐고. 내가 정말 나갈 수만 있다면 대한민국에 절대 안 돌아온다고. 형부에게 아는 사람 없냐고 도와달라고 했더니, 전화번호를 하나 주시더라고요. 오로지 나가고 싶은 마음에, 그 사람을 만나서 돈 2만 원 주면서 힘 좀 써달라고 그랬었죠. 다음날 해외개발공사에 가보라고 해서, 가니깐 딱 여권이 나온 거 있죠. 저는 출국할 때부터 정말 한국에 안 돌아온다, 여기서 다른 기회를 가져야 된다, 마음먹었어요.

김정자　저도 그래요.

박정자(서울)　엄마 말에 의하면 저는 공부에 미친 사람이었는데, 동생들을 교육시켜야 하니 근무하면서 야간대학을 다녔어요. 한국사회가 학교에서 배운 것과는 너무나 달랐어요. 일년 정도 사회생활을 했죠. 근무처의 계장이 너무나 징글맞았는데 동료들이 그 사람이 차 사준다고 하면 같이 가지 말라고 말해 주기도 했어요. 하여간 얼마나 사람을 귀찮게 구는지 질려서 도망가고 싶은데 갈 곳이 없었어요. 우연히 신문에서 해외개발공사의 간호보조사 모집광고를 보고 빠져나갈 길은 이 길밖에 없다고 생각하고 결정했죠. 더욱이 집에서 결혼하라는 윽박지름에서 벗어나는 길이라고 생각했어요. 그러니 당시 진취적인 생각 같은 건 못했고, 다만 혹시 거기서 공부를 더할 수 있을까 하는 기대는 있었어요.

사회 간략하게 정리해 보면, 다들 어린 나이지만 어렴풋하게라도 사회적 배경을 느끼면서 이주한 것으로 보입니다. 특히 불공평, 남녀불평등, 부정부패, 가난(경제적 불평등) 그리고 군부독재 같은 것을 생활에서 느낀 것이 확실하게 드러나네요. 그렇기 때문에 예를 들어 "나는 민주주의를 지향한다"라는 식의 표현만이 정치의식이라고 할 수 있는 건 아니라는 의미에서, 당시의 그런 정치적·사회적 상황을 알고 왔다는 것은 정치의식이 있던 것이라고 보입니다. 또 하나는 이주의 결정이 의식적이었고 또한 자신의 결정이었다고 보이네요.

저도 여성모임 회원이기 때문에 제 얘기를 조금 하자면, 저의 경우 당시 환경이 많이 달랐던 것은 사실이나 그 나이 때 제가 갖고 있던 정치의식이란 것도 비슷했던 것 같아요. 고등학교 3학년 때 저는 대학입시 준비하느라 공부에만 매달려 하루하루를 살고 있을 땐데, 어느 날 청계천의 피복공장에서 일하던 전태일이라는 노동자가 '노동자 착취'에 항거하면서 분신자살을 시도하였고 서울대학병원에서 "치료비를 내지 않으면 치료하지 못한다"고 거부하여 결국 숨지고 말았다는 소식을 들으면서 정말 엄청난 충격을 받았어요. 단지 시기적으로 여러분보다 훨씬 늦게 독일에 왔고 한국에서 대학도 다니고 사회생활도 하였기 때문에 정치의식이 좀더 세부적이고 구체적으로 형성되었던 것 같아요.

이수복(충청 금강) 이제까지 말한 것들이 다 한국역사인데 공식적인 역사서술에는 이런 내용들이 들어 있지 않아요. 이번에 내려고 하는 책을 통해 이러한 개인적인 경험들이 역사화될 수 있는 계기가 되었으면 합니다.

떠나올 때 한국사회는…

사회 젊은 나이였으나 알게 모르게 사회경험을 했고, 더구나 여성들에게는 사회를 알 수 없게 만드는 한국사회의 분위기 같은 게 있었을 텐데, 당시의 한국사회에 대해 어떤 생각을 갖고 있었는지 그리고 이주한 후에 한국을 보면서 새로이 생각하게 된 게 있다면 말씀들을 해주시기 바랍니다.

김정자 당시 한국사회가 너무 가난하여 생존경쟁이 무척 심했어요. 그로 인해 부정부패가 더 많이 생기게 되었다고 봅니다.

안차조　'권위적인 것'에 대해 이야기하고 싶습니다. 졸업 후 1년간 병원에서 근무할 때 선배들에게는 무조건 복종, 수술실 정리는 제 몫이었고 또 과장들이 간호사를 희롱하는 게 비일비재하여 그런 게 너무 싫었어요. 그후 보건소에서 근무할 때도 제일 어리니까 8시에 출근하면 제게 다 맡겨놓고 가정을 가진 간호사들은 시장도 갔다 오는 그런 분위기였어요.

조국남　저는 48년생이라 6·25전쟁에 대한 직접적인 기억은 없고 식구들이 어땠다 하는 말은 들었습니다. 독일에 왔더니 간혹 사람들이 전쟁을 겪었다는 것에 대해 불쌍히 여기고 동정심을 보여주었지만 저는 '어, 나는 아닌데'라고 생각했죠. 지나고 나서 생각해 보면 6·25가 의식적인 기억에는 없지만 어릴 때 영향을 미쳤다는 것을 느껴요.

이수복　전쟁 때 아홉 살, 열 살이었어요. 여기서 차마 입을 떼기 힘든 것은 당시 너무나 끔찍한 일이 많았기 때문이에요. 금강 근처에 살았는데 거기서도 물론 피난을 가야 했어요. 가난, 먹을 게 없는 것 그런 것이 문제가 아니었고 미국 비행기의 폭격, 남북의 사상문제로 너무나 끔찍한 사건들이 많이 벌어졌어요.

사회　그러니까 여기서 6·25전쟁이 당시 그리고 현재까지 정치, 사회, 경제 그리고 정신적으로 피폐를 주었으며, 그 시대적 피폐를 의식

좌 담

적·무의식적으로 모두 물러받았으며, 이 전쟁으로 다시 한번 초토
화된 한국경제의 실상은 '가난'으로 표현되고, 현재까지 이어지는 사
상문제에 우리 모두 영향을 받고 있다고 정리할 수 있겠습니다.

조국남 그렇죠.

송금희 외국에 나갈 때 신원조회는 물론이고 공무원이 되려면 받
아야만 하는 별도의 신원조회 등등.

박정자 엄마가 6·25 때 겪은 일을 자주 들려주셨어요. 낙동강을 건
너 피난을 가느라 고무보트에 올라타려는데 생전 처음 보는, 당시 말
로 '깜둥이'가 손을 내밀더래요. 덩치도 엄청 크고 해서 얼마나 무서
운지 뒤로 빠졌다가, 이러다 안 되겠다 싶어 덥석 손을 잡았더니 꼭
아기 때 잃어버린 아들 손같이 살결이 너무 부드러워, 그 손을 놓기
싫어 억지로 놨다는 얘길 하셨어요. 지금 내가 유치원에서 일을 하는
데 '검은 아이'가 오면 괜히 한번씩 손을 만져보게 되는 걸 보면, (웃음)
엄마의 이 경험이 나에게 긍정적인 영향을 준 것 같아요.

정착하면서 이런 일이…

안차조 1966년 10월 15일에 독일 북서쪽에 있는 조그만 도시 베르
덴(Verden, 브레멘과 가까움)에 한국간호사 네 명이 도착했어요. 날씨는 좋

지 않고, 숲이 우거진 곳을 한참 가다 보니 큰 농장들이 나오는데 우리를 그쪽으로 데려가기에 '농장에서 일을 시키려고 그러는가' 하는 생각에 얼마나 불안했는지. 아무튼 병원에 도착했더니 식사를 준비해 놓았더라고요. 쌀에 우유와 설탕을 넣어서 끓인 쌀죽(독일 전통죽)을 주기에, 우리를 생각해서 만들었나 보다 하고 한 숟갈 먹어보고는 그만 모두 굶었어요. 어떻게 이렇게 먹을 수 있을까, 정말 문화적 쇼크였죠.

이틀 후부터 아침근무를 시작했어요(다른 지역에 간 간호사들은 몇 개월 독일어만 배울 수 있는 기회도 있었다는 것을 나중에 알았다). 간호사복을 주는데, 너무 길고 커서 소매며 바짓단을 몇 번씩 접어 입어야 했으니 헐렁하고 우스꽝스럽기 짝이 없었죠. 밥 나르고 침상 닦는 일만 시키기에 '우리가 여기 식모살이 왔나' 하는 생각을 떨칠 수가 없었어요. 2주일 후에는 병동에서 중환자들의 틀니를 닦아주는 일을 해야 했는데, 한국에서도 해본 적 없는데다 나에게는 대변 받는 일보다 더 구역질나고 어려웠어요. 한번은 토요일 저녁에 틀니 4개를 대야에 같이 넣어놓고 근무를 끝내고는 다음날 쉬는 날이라 자고 있는데, 새벽에 누가 방문을 막 두드리는 거예요. 문을 여니 한 간호사가 나에게 무시하듯이 집게손가락을 쳐들고는 흔들면서 따라오라는 시늉을 하더라고요. 얼마나 기분이 나빴던지. 따라가니까 나에게 그 대야를 보여주는데, 나는 그 이유를 몰랐어요. 수간호사는 나더러 환자들에게 사과를 하라더라고요. 이유인즉 아침에 식사를 해야 하는데 어떤 게 누구 건지 끼워보느라 난리가 났던 거예요. 6개월 후에 귀가 조금 뚫

좌 담

렸을 때 수간호사가 그때 일을 이야기하면서 막 웃더라고요.

송금희 우리들이 크리스마스 때 외로울 거라고, 어떤 가족이 크리스마스 파티에 초대를 한 적이 있었어요. 그래서 특별히 갖고 간 한복도 꺼내 입고, 그 추울 때 고무신까지 신고 갔었죠. 그런데 우리를 파티에 데려다준 사람이, 우리를 가리켜 몇 '명'이라고 하지 않고 몇 '개'(stück)라고 불렀던 겁니다. 그 단어는 당시에도 이미 알고 있었는데, 사람을 두고 몇 개라고 하니 기가 찰 노릇이었죠. 안 그래도 언어 때문에 열등의식이 깊었고, 언제나 식모처럼 느끼던 시절이었는데… 우리는 분개하여 간호과장에게 사과를 받아달라고 요구했죠. 제 기억에 결국 사과까지 받아냈던 것 같습니다. 간혹 사람에게도 이런 표현을 쓴다는 걸 알게 된 것은, 독일어를 좀 배우고 난 후의 일이었죠. 언어 때문에 이런 오해가 수없이 많았습니다.

　　　베를린에 막 도착했을 때는, 제가 꼭 서양영화 속의 한 장면에 들어가 있는 기분이었어요. 어둡긴 했지만, 나무가 정말 많았던 기억이 납니다. 당시 한국에는 땔감으로 쓸 나무가 부족해서 산에 나무를 심는다고 쩔쩔매던 때였는데, 여기는 나무는 물론이고 길에 떨어진 나뭇잎도 정말 많았습니다. 소중한 땔감이 버려지는 게 아까워서, 다 주워서 한국에 보내고 싶은 마음이 들 정도였어요. 또 저는 먼저 독일에 와 있던 고향친구가 마중을 나와서 정말 놀랐어요. 사실 자유를 찾아온다고는 했지만 저 또한 비행기 안에서는 얼마나 울었는지 모릅니다, 가족생각에. 그런데 고향친구가 명단에서 제 이름을 보고는 마중을 나왔으니, 정말 기분이 좋고 행복했는데 기숙사에 갔더니 밥과 양배추김치가 기다리고 있더라고요.

간호과장은 우리를 통제하기는 했지만 참 따뜻하게 해주었죠. 그리고 한 층을 한국간호사들이 함께 쓰게 되어, 우리끼리 밥도 해먹고 노래도 부르는 자유를 누릴 수 있었습니다. 물론 독일간호사들이 우리를 부려먹기도 했고, 우리는 그들보다 세 배 이상의 일을 했습니다. 언젠가 한번 "독일에는 간호사가 부족한 것이 아니라 독일간호사들이 너무 게으르다"고 말한 적도 있을 정도입니다. 심지어 따돌림당할 때도 있었습니다만, 지금 생각해 보면 '그 사람들도 문화적으로나 언어적으로 우리들과 얼마나 힘들었을까' 하는 미안한 마음이 듭니다. 지금 그 간호과장을 다시 만난다면 고맙다는 말을 해주고 싶습니다.

한정로 1966년 10월 15일에 베를린 템펠호프 공항에 도착하여 결핵병원으로 배치된 17명이 대절버스로 가는데, 가도 가도 숲만 나와 우리를 어디 감옥소로 데리고 가나 싶어서 겁이 나 안 되는 독일말로 기사에게 어디를 가냐고 물었던 기억이 나네요.

나의 성격 때문에 초기에도 독일간호사들과 많이 싸웠어요, 나를 욕하는 것 같아서… 당시 내가 받은 인상은 이들은 외향적이고 우리에게 군림하는 식이었고, 우린 '우직하게 소같이 일을 억세게' 했어요. 환자들이 먹다 남은 음식을 자기들이 먹으면서 나보고도 먹으라고 해서 피하기도 했고요.

안차조 언어소통이 될 때쯤 이곳 간호사의 업무를 자세히 살펴보니, 한국에서 배웠던 '기초간호학'이 생각나더라고요. 독일에서는 그때 배웠던 그대로 하는 거예요.

김순임 나는 한국으로 돌아가지 않겠다는 마음으로 왔는데, 독일의 거리가 질서정연하고 가로수도 많지만 집집마다 똑같은 화분들, 똑같은 커튼을 쳐놓은 것을 보니 숨이 막히면서 이질감이 느껴졌어요. 그러면서도 깨끗하고 질서정연한 것을 보면 국민들이 편리하게 살도록 국민세금이 잘 쓰이고 있는 것 같다는 생각이 들기도 했고요. 프랑크푸르트대학 병원에서 근무했는데, 보조간호사까지 위계질서가 분명하고 위든 아래든 '부지런히 일한다'는 느낌을 받았어요. 한국에서 시골 양호교사로 일할 때 교장서부터 선생까지 게으르게 사는 것만 보았거든요.

김정자 부지런하고 적극적이에요.

손행자 나는 '소년소녀병원'에 배치되었는데 1, 2주 후에는 일을 모두 익혔고 처음부터 차별 같은 건 못 느끼고 모두 친절했어요. 독일어가 서툴 때 한번은 의사가 "저기 벽을 가져오라"고 하더라구요. 참, 벽을 어떻게 가져오나 하면서 두리번거리니 그 옆에 칸막이가 있었어요. 그래서 독일어에서는 벽과 칸막이를 같은 단어로 표현한다는 것을 알게 되었죠.

나나 다른 한국동료들도 독일음식 때문에 문제는 전혀 없었고, 오히려 우리는 살이 너무 쪄 옷이 안 맞았어요. '대우를 받으려면 독일어를 해야 된다' 생각하고 매일 저녁 따로 독일어공부도 했고, 6개월 후에는 간호학생들이 실습 오면 우리가 가르쳐주기도 했어요.

사회　저 빼고 여기 참석한 모두가 일터를 가지고 독일로 왔기 때문에 초창기의 기억 하면 먼저 일터에서의 경험이 이야기되는 것 같네요. 독일에 살면서, 즉 외국생활과 관련하여 한국사람들의 모임에 대한 필요성을 느꼈는지, 그 경험도 얘기해 보았으면 합니다.

송현숙　함부르크에서 멀지 않은 조그만 도시에 한국인 간호사 2명과 간호보조사 4명이 배치되었어요. 그런데 여기서는 보조사에게 보라색 유니폼을 입히는 거예요. 이유인즉, 시골이라 간호사들이 얼마 안 있다 떠나곤 해서 공주처럼 모시려고 색깔로 구분했다더라고요. 그래서 우리 한국보조사들은 투쟁을 하여 스스로 돈을 내서 하얀 유니폼을 입기로 했어요. 수산호사가 우리 이름이 어렵다고 독일이름을 하나씩 지으라고 하기에 멋모르고 '기즐라' '마리아' 이런 식으로 이름을 주었더니 서류에까지 이 이름을 쓰고 환자들도 이 이름을 부르는 바람에 우리들 이름이 없어져 버리는 억울함을 당하게 되었죠. 앞으로는 다시 당하지 않겠다는 생각을 하고 앞에 말한 유니폼 색깔도 투쟁한 거였어요. 그리고 우리에게 3년 계약서에 서명하라고 하여 읽어보니 "3년간 의무적으로 이 병원에 있어야 한다"는 내용이 들어 있어 우리 모두 거부하여, 다른 계약서를 받았어요. 머리를 감을 때 샴푸인 줄 알고 썼는데 나중에 알고 보니 독성이 강한 목욕탕 닦는 물비누 '아타'였던, 어처구니없는 해프닝도 있었죠.

3년 후 다른 동료와 함께 브레멘으로 직장을 옮기면서 우리가 내건 단 한 가지 요구는 우리 이름을 불러달라는 것이었어요. 하지만 우리 이름이 당신들한테 어려우니 쉽게 우리 성을 붙여 "간호사 송" 이렇게 하면 되지 않겠냐고 꾀를 썼죠. 이것은 독일병원에서의 전통인, 의사는 성을 붙여 깍듯하게 부르고 간호사는 이름을 부르는 전통에 대한 도전이기도 했어요. (참석자 모두 "와! 멋있다"는 감탄사를 연발)

함부르크로 옮겨오면서 독일어공부를 좀더 했는데, 한국에서 대학도 못 다녔고 시간 내어 책도 제대로 읽어보지 못해 뭐든 '배워야겠다'는 열망이 컸어요. 그리고 처음에 일하던 병원에서 환자들이 간호보조사들은 무시하고 간호사들하고만 말하려는 것을 보면서 '차별'에서 벗어나 '동등함'을 얻어야겠다는 생각이 무의식적으로 생겼던 것 같아요. 어느 날 프랑크푸르트에서 '재독한국여성모임'이 발족한다는 소식을 듣고 거기 갔는데, 각자 자기소개를 할 때 간호사 혹은 보조사 혹은 대학출신이라는 것이 전혀 중요하지 않은 분위기여서 깜짝 놀랐어요. 그리고 내가 막 서툴게, 전라도사투리로 헤매면서 말을 해도 그냥 진중하게 듣는 그런 분위기였어요.

그런데 당시 재독한인사회에 나가보면 정식간호사이냐 아니냐 하면서 한국사람들 사이에서 차별하는 분위기였거든요. 함부르크에는 당시 병아리감별사로 온 한국남성들이 많았는데, 한국 각지에서 와서 서울말, 전라도와 경상도 사투리가 범벅이 되어 대화를 하는데 내가 전라도사투리를 쓰면 고치라고 지적하는 사람도 있었죠. 그래서도 이 모임에 대한 첫 인상이 좋았어요. 분위기가 평등하다는 느낌과 여러모로 배울 것이 많겠구나…. 그러다 보니 지금까지 재독한국여성모임에만 회원으로 있어요.

박정자　독일에 와서 월급에서 50마르크 생활비로 빼놓고 나머지는 모두 한국에 보냈어요. 일을 하다 보니 뭔가 배우기 위해 학원을 다니려 해도 시간도 없었어요. 2년 지나고 보니 어느 정도 말과 귀가 틔었어도, 독일사회가 나의 이상적인 사회가 아니라는 생각이 들면서 '정체성의 위기'가 왔어요. 지금 생각하면 향수병이었던 것 같아요. 그래서 한국에 가려고 사표를 냈더니 "당신은 3년간 의무적으로 여기서 일을 해야 하기" 때문에 사표를 받을 수 없다는 거예요. 내가 내 발로 왔고 그래서 돌아가겠다는데 '팔려온 사람'처럼 대하니 병이 나버렸어요. 병가를 냈는데도 처음에는 불법적으로 유급처리를 해주지 않아, 그때부터 싸우기 시작했는데 '좋은' 독일친구들이 법적으로나 서명운동으로 도와주었어요.

　　　　나는 1972년에 독일에 왔으니 다른 간호사들보다 좀 늦게 온 축에 속했는데, 이런 문제로 한국인들을 접촉하면서 오히려 거부감이 올 정도였어요. 그래서 여성모임이 있다고 해 가보았을 때도 저의 이런 거부감 때문에 나를 색안경을 끼고 본다는 선입견을 가졌던 게 당시의 나였어요. 이 투쟁이 결국에는 성공하여 2년 반 만에 자유가 되었는데, 몸무게가 45kg까지 내려갔어요.

겨우 한국으로 돌아갔으나 집에서는 결혼해야 한다고 난리를 치고 내가 거세져서 왔다면서, 아무튼 인정받지 못하는 상황에 처하게 되었죠. 이 5개월 동안에 자아를 발견한 것 같아요. 독일에서 돈을 벌어온 것도 아니고 읽고 싶은 책도 못 읽어보고 돌아온 나는 '독일에서 착취당했으니 다시 독일로 가 그걸 도로 받아야겠다'는 결정을 하고 독일친구들에게 일자리를 하나 찾아달라고 편지로 부탁했더니, 당시 인기가 없었던 청소년정신병원에 자리를 찾아놓아 여권에 한 달 있으면 끝나는 비자를 가지고 다시 독일로 돌아왔어요.

김정자   내가 근무한 병원에는 수녀들이 상사였는데 우리를 엄청 통제했어요. 무슨 옷을 입는지 혹시 남자를 사귀는가 하는 것도 체크했어요. 그런데 한국간호사들 사이에 첩자처럼 이들에게 정보를 주고 다른 사람 왕따 시키면서 자기는 잘 보이려고 하는 그런 일들이 숱하게 있었어요. 그러면서 한국사람들이 싫어져서 일부러 안 만나고, 결국 그 병원도 나왔어요.

하루는 베를린 중심가에서 김대중 구출 서명운동을 하는 데모대를 만났는데, 정말 이런 일은 같이해야 한다는 생각을 하면서도 한편으로 한국사람들에 대한 혐오 때문에 마음이 뒤숭숭했던 적이 있었어요. 물론 같이하기로 마음먹었고 그러다가 여성모임 회원도 되었지만, 한국인들 사이에 갈등이 정말 많았어요.

이주민여성으로 산다는 것은?

박정자　독일로 다시 돌아와 근무했던 베를린 청소년정신병원은 당시 독일에 하나밖에 없는 병원으로 '열린' 병동과 '닫힌' 병동으로 나뉘어 12세까지 아이들을 치료하였는데, 나는 6세까지 아이들을 치료하는 곳에 근무했어요. 한국에서는 아이들이 배고프다고 하면 밥을 먹이는데 여기서는 (울든 말든) 정해진 시간에만 밥을 주고, 저녁 7시에는 방의 불을 다 끄고 아이들이 칭얼대도 "쉿!" 하고 말아요. 침대에 눕혀 팔다리를 묶어놓은 아이들을 한 방에 10명씩 넣어두고 나 같은 간호보조사 1명과 도우미 1명, 즉 전혀 전문성이 없는 사람들이 저녁 근무를 섰어요.

　그때만 해도 어렸던 내 생각에도 아이들이 밤에 그렇게 지내는 것이 너무 안쓰러워, 하루는 한스라는 네 살짜리 아이가 풀어달라고 하도 보채기에 애를 풀어주고 재웠어요. 아무 문제 없이 잘 자기에 마음 놓고 있다가 아침 일찍 방에 들어가 보니 난리가 난 거예요. 다른 아이들도 다 풀린 상태로 같이 신나게 놀면서 벽에다기 똥 칠도 해놓고는 낄낄거리며 좋아하고 있더라고요. 눈앞이 깜깜해졌고, 그 때문에 경고처분 받아 일주일 내내 '밤번'하면서 반성문도 쓰고 아이들 양말도 기웠어요. 이 부자나라에서 헌 옷과 양말 등을 기부받아 그걸 꿰매서 입히는 것이었어요. 내 느낌은 아이들을 원숭이 다루듯 한다는 것이었어요. 목욕도 제대로 씻겨주는 게 아니라 멀찍이 서서 샤워기로 물을 뿌려주면 아이들끼리 좀 놀다가 끝나는 식이에요. 그래서 마음이 맞는 한 동료와 같이 꾸준히 밤번하면서 아이들을 욕조에 넣고 씻기는 일을 숨어서 했어요. 나중에 병원에서 인정받아 내가 하고 싶은 공부를 지원해 주겠다고 하여 유치원교사 공부를 하게 되었죠.

보모 일을 하면서 여성모임 회원의 딸을 가르치게 되었는데, 언제부턴가 그 엄마와 친구가 되었고 그 친구의 권유로 재독한국여성모임에 나갔어요. 그때까지 겪었던 베를린 한국인들에게 너무 질려서 망설이다가 한번 가보았는데, 그날 파시즘에 대한 공부를 하고 있더라고요. 얼마나 똑똑한지, 긍정적인 의미에서 놀라기도 했고 또 따뜻함을 느끼면서도 한편으로는 무섭기도 했어요. 여성모임이 빨갱이들이 모이는 곳이라는 소문이 있었고 엄마가 베를린에서 빨간 색깔 사람 만나는 거 조심하라고도 했고⋯. 한국 독재정치에 대해 이야기하는데 박정희대통령이라 하지 않고 그나마 '씨'도 붙이지 않고 그냥 박정희라고 부르는 것을 거기서 처음 들었었죠. 그러나 나도 당시 진보적 성향을 상징하던 코르덴바지를 입고 다닐 만큼, 공부하면서 나름대로 정치적인 의식이 생겼던 때이기도 합니다. 신이 나서 여성모임에 열심히 따라다니며 풍물도 배우고 한마디로 '다른' 한국사람들을 알게 되어 이제까지 여기 있답니다.

사회 그 밖에도 각자의 경험을 좀더 이야기해 보죠.

안차조 외국인 적대감정이라든가, 특히 통일되고 나서 한동안 심해졌던, 독일인들이 길에서나 시장에서 우월감을 느끼며 하는 행동 같은 것을 못 느끼는 것은 아니지만, 내가 어려울 때 그리고 뿌리 내리려 할 때 이 사회가 나를 받아주었어요. 특히 주위에 있는, 여성모임이나 다른 진보적인 단체의 사람들을 만나면서, 하여간 최소한 기본이 되어 있는 사람들을 만나고 배우자도 정치적으로 기본이 있는 사람을 만났기 때문에 독일에서 일어나는 외국인 배타적 감정을 이겨낼 수 있었던 것 같아요.

한동안은 길에서 누가 나에게 "어느 나라에서 왔느냐?"고 물으면 '반평생을 여기 산 사람한테 이런 질문을 하나' 싶어 시큰둥하게 대답했는데, 이제는 "아, 예, 한국에서 왔어요" 하고 선뜻 대답해요. 다른 한편으로는 한국 방문해서 입국수속 서류에다 '독일인'으로 기재를 할 때부터 한국에 머무는 동안 이방인이라 느끼며 독일로 돌아가는 것이 당연하게 여겨져요. 나에게는 여성모임에서 당시 한국 여성노동자들의 투쟁에 대한 소식지를 얻어 밤새 읽은 것이 생의 전환기였다고 말할 수 있어요.

박정자　정신과에 근무했던 게 30년 전이었는데, 얼마 전에 정신과를 방문할 기회가 있어 가보고 느낀 것은 정신과 치료방법이 그때나 지금이나 큰 차이가 없다는 것이었어요. 특히 이주민을 '이주민으로서' 또 다르게 대한다는 것을 느껴요. 그래서 이제는 의식적인 이주민이 되어 내가 '싸우겠다'는 생각을 했어요. 이것이 그동안의 나의 변화가 아닌가 싶어요.

송금희　지금 내가 살고 있는 곳에 가서는 그곳 독일여성농민협회에 가입하여 독일춤도 배우고 간혹 양로원 같은 데서 공연이 있으면 거기 나가기도 했어요. 그런데 느낌이, 공연을 관람하는 수백 명의 노인들이 '쟤가 왜 여기 있지?' 하는 것 같아 마음이 불편해서 그 뒤로는 "내가 이 옷을 입으면 내가 아닌 것 같고 시간도 없어서"라는 정도로 이유를 대고 함께하지 않았어요. 열심이지는 않았지만 바자회며 크리스마스 때 이것저것 10년 이상 같이하여 감사패도 받기는 했으나, 항상 낯설다는 느낌이 들었어요. 베를린에 살 때는 내가 사귀고 싶은 한국인, 독일인과 지낼 수 있어서 낯설다는 느낌이 없었는데, 시골에 가니까 전혀 다르더라고요. 시골이라는 분위기 자체도 낯설었지만 잘 알아듣지도 못하는 그곳 노인들의 사투리까지 듣다 보니 완전 이방인이라는 느낌이 들었는데, 올해 참석했을 때는 좀 달랐어요. 일종의 나의 변화인 것 같아요.

　　내 속에서 한국과 독일의 선이 없어져서인지, 자리를 찾아앉는데 별 생각 없이 잘 모르는 본토박이 옆에 앉았어요. 물론 이방인이라는 느낌이 완전히 없어진 건 아니겠지만. 여기 여성농민협회의 중심인물들은 마음이 열려 있어요. 지난번에 한 일본인모임에 초대받았을 때 기모노를 직접 만들어 입고 갔고 거기 공연에서 독일춤을 추기도 했어요. '내게 변화가 있기 때문에' 관계성에 대한 느낌도 변하는 것 같다는 말을 하고 싶어요.

김정자　초창기에 국적문제 때문에 한국영사관에서 겪은 일인데, 내

딸은 독일국적이고 나는 한국국적이라 딸을 데리고 한국 방문할 때마다 한국영사관에 가서 내 딸이라는 증명을 내 여권에 받아야 했어요. 1977년도 그 즈음에는 영사들의 질도 형편없었는데, 한번은 안스바흐 거리에 있는 한국영사관의 직원이 나더러 "뭐 하러 갈 때마다 데리고 가냐, 옳은 애도 아닌데" 하는 게 아니겠어요! 하도 기가 막혀 울고불고 대들면서 따졌죠. 그때는 이런 일로 한국 갈 때마다 애를 먹었어요. 당시 한국영사관의 수준을 생각하면 지금도 기가 막힌답니다.

사회 다른 참석자들도 당시 법적으로 어처구니없는 문제들을 경험했을 텐데, 법적인 문제가 생길 때면 독일 쪽 관청은 한국 쪽으로 미루고, 한국 쪽은 독일 쪽에 미루기 일쑤라서 이주민으로서의 어려움을 겪었다고 할 수 있겠어요.

조국남 이주민으로서 정체성의 변화에 대해 이야기해 보고 싶어요. 처음에는 나의 정체성을 한국과 연결하여 찾으려고 했어요. 그러나 여기서 지내면서 세미나를 통해서도 그랬지만, 한 여성모임 회원의 영결식을 위해 추도사를 쓰면서 확실하게 느꼈어요. 처음에는 한글로 써서 독일어로 번역할 생각이었죠. 그런데 막상 번역하려고 하니 머리가 아파오면서 잘 안 되는 거예요. 결국 독일어로 내가 원하는 추도사를 쓸 수 있었죠. 몇십 년을 여기서 살면서 '내 속에 있는 두 문화의 차이'가 나의 정체성을 만들고 바꾸어놓은 것 같아요. 외부에서 나에게 투입시키는 정체성도 있어요. 처음에는 한국간호사, 한국여성, 손님노동자 등으로 정의하다가 정치적 변화에 따라 외국인근로자, 노동이주여성, 외국인시민 그리고 지금은 '이주배경을 가진 독일인'이 되기도 하잖아요. 타민족여성들과 함께 독일의 인종차별정책에 대해 토론하는 회의가 몇 번 있었는데, 독일 내 타민족여성들이 모여서 우선 "우리가 누구냐?"를 정의하다 보면 그 용어를 찾지 못하는 거예요.

타민족여성들 사이에서 또다시 차별되는 현실, 즉 피부색깔의 위계질서가 있어서 피부가 검을수록 더 차별받는 현실이 가령 아프리카 내에서도 존재한다는 정도의 토론만 되지, '우리의 정체성'에 대한 답을 찾을 수 없었어요. 내가 하고자 하는 말은, 나의 정체성은 단순명료한 것이 아니라 다면적이고 다각적이라는 점이에요. 처음에 독일 왔을 때 인도, 필리핀에서 온 간호사들과 같이 일했는데 그래도 서로 통했던 것 같아요.

나에게 재독한국여성모임은?

손행자　여성모임에 들어간 것을 너무 다행이라고 생각합니다. 많은 친구들을 가지고 있어 부자다, 곤경에 처하면 뭐든지 해줄 거라고 생각하죠.

김정자　여성모임은 특이한 그룹이라고 봅니다. 회원이 많은 것도 아니고 일을 하는 사람의 수도 적지만, 객관적으로 보면 하는 일이 상당히 많고 크죠. 넘어질 듯하다가 다시 서고, 해야 된다 하면 나오는 힘이 있습니다.

조국남 초창기로 거슬러 올라가 보아도 새로운 것을 배우려 하고 '자연적이고 주체적인' 주제를 찾아 공부하면서 '한 군데 고여 있지 않고 변화해 가는 것이 그 유지의 힘'이 아닌가 합니다. 그 당시부터 독일에서 이룬 '수평적 관계를 위해 말놓기'를 하면서 권위주의에 도전하는 혁명적인 행동이 우리의 역사라고 봅니다. 나보다 한참 나이가 많은 회원과 말을 놓기 시작해 지금도 말을 놓긴 하는데 시간이 가면서 좀 달라지긴 하더군요. '국제결혼세미나'를 할 때 서로 "너, 너" 하다가 "너의 학교 대선배한테" 반말한다고 "버릇없고 도리도 없다"고 비판받은 적도 있었죠. 동감하는 주제를 찾아 도서관에 가서 직접 책을 빌려 같이 공부하여 자체발표를 한 것이 여성모임의 힘으로 성장하게 만들었다고 봅니다.

김순임 초창기 멤버는 아닙니다. 80년 5·18 이후부터 여성모임과 같이하면서 배우며 적극적인 활동을 했는데, 당시 사적으로 친교관계를 갖지 않는다는 인상을 받았었죠. 어떤 회원이 "여성모임은 커피 마시면서 수다 떠는 곳이 아니"라는 말을 들었다고 했는데, 그 말과 똑같습니다. 한인회나 동문회 같은 곳에 가지 않습니다. 왜냐하면 에너지를 분산하고 싶지 않기 때문입니다. 언젠가 "내 친구가 누구인가?"

하고 나 스스로에게 물어보았는데, 지금 생각해 보면 여러분들이 모두 내 친구들입니다. 여성모임 세미나를 할 때마다 흥분될 정도로 좋습니다. 이주민여성으로서 여기 살면서, 지금 내가 살고 있는 곳에 대해 좀 소홀한 것 아닌가 하는 생각에 10년 전부터 여기와 관련된 일을 더 많이 하고 싶었습니다. 지금도 이 사회에서의 문제와 관련해 활동하고 싶다는 미련이 있지만 시간문제로….

박정자　나의 경우, 여기서의 할일이 생겼을 때는 독일친구들과 같이 하고 한국과 관련해 할일이 있을 경우에는 여성모임을 통해 하게 되더라고요. 여성모임에서도 여기와 관련된 일들을 하고 싶었으나 한 단체의 역량의 한계가 있으니 다 할 수 없다는 현실감을 가지다 보니 이렇게 나누어 활동하게 되더라고요.

송현숙　초창기에 이미 '언니' 안 부르기를 하면서 이름 부르기를 시작했죠. 당시 한국에서 오신 목사님이 우리 모임에 참석한 적이 있는데, '누구씨'라 했다고 싸가지 없는 여성들이라는 욕을 듣기도 했죠. (모두 웃음) 누구 사모님, 누구 엄마 하는 식의 호칭은 여성모임에서 사라졌고, 아예 이름을 부르든가 아니면 누구씨가 되었죠. 최근에는 한국에서 '님'이라는 말을 많이 사용하던데…. 이미 30년 전에 우리들의 명칭사용법은 정리되었다고 할 수 있죠.

조국남　우리에게 공통된 언어가 형성된 것 같아요. 그래서 현재에서 보면 옛날식이라고 말할 수도 있겠지만 우리의 현실이라 봅니다.

송금희 저는 삶의 질을 '내가 성장했다'라는 말로 이해하는데, 여성모임은 나의 성장과정에 큰 역할을 했습니다.

조국남 조직적인 차원에서 수직관계를 피하기 위해 회장제도를 없애고 총무 2명을 윤번제(매년 총무 1명이 선정되어 2년간 임기수행)로 하기로 했죠. 총무도 뽑는 것이 아니라 회원 모두 돌아가면서 맡는 식으로 해서, 좋은 조직구조의 기본 틀이 되었다고 봅니다. 총무권한으로 마음대로 할 수 없게 지역모임이 결정하고, 그 지역모임들이 대표자모임에 와서 최종결정을 하는 방식이었잖아요. 그러다 보니 수렴·결정과정이 너무 길어지는 경향이 있었으나, 권위주의 타파에 큰 역할을 하였고 신선함을 준 것 같습니다.

박정자 베를린지역모임의 경우에도 대표를 2명이 윤번제로 돌아가면서 하였죠. 대표자모임에서 이야기된 것을 지역모임에서 다시 한번 토론하고 해서 번거롭기도 했으나 민주주의적이고 일분담에 있어서는 앞서가는 제도였다고 봅니다.

조국남 공부하는 과정에서 전문가들로부터 듣기만 하는 방법보다 자체학습을 통해 스스로의 관심사를 준비해 발표하고 분과를 나누는 방법이 참 좋았던 것 같습니다. 독일의 학습풍경이 영향을 준 것 같아요. 초창기 때는 토론할 때마다 '의식화'라는 말이 대명사처럼 쓰였었죠. "의식화가 되려면 공부해야 한다…" 뭐 이런 거서부터, 참 역동적이었던 것 같습니다.

송금희 공부하면서 말하는 것과 듣는 습관을 키운 것 같습니다.

손행자 1981년 아들이 네 살 되던 해에 프랑크푸르트 쪽으로 이사 가면서 여성모임 회원들을 알게 되었죠. 그중 한 분이 여성모임에 나오라고 권유해서 당장 나가겠다고 했는데, 가자마자 대표를 맡으라고 해서 좀 그러기는 했으나 '하지 뭐!' 하였죠. 처음 간 대표자모임에서 새로웠던 것은 누구에게나 이름을 부르는 것이었습니다. 대개 누구학생 부인, 누구 엄마라고 불렸는데…

오래전부터 여성모임이 있을 때마다 내가 관심을 갖고 실천하는 것은 '뭘 맛있게 해주나'입니다. 최근에는 베를린에서 모임을 자주 가져 내 할일이 별로 없어졌지만 빌레펠트에서 모일 때는 과일까지 준비해서 그 무거운 것들을 끌고 다니는 일을 즐겁게 했죠. 이제는 회원들이 형제 같답니다.

사회 재독한국여성모임 25주년 기념집에 "여성모임과 나"라는 주제로 회원들이 쓴 글이 있으니 이 글들이 참조가 되겠어요. 하루 종일 토론하며 많이 지쳐 있으나 끝을 내야 하니 저녁식사 후 마지막 주제들에 대해 '최후의 발악'을 부탁드립니다. (웃음)

재독한국여성모임, 잘해 왔는가?

송금희 개인적인 기억이지만, 80년대 중반에 한국을 방문하여 후원금을 전달하며 느낀 점이 있습니다. 제가 베를린에서 2세들 풍물을 가르쳐주며 모은 강사비를, 당시 한국의 여성노동자들이 운영하는 어린이집에 후원금으로 기부하려고 했습니다. 그런데 마침 독일과 관련된 간첩단사건 등이 발생해서, 두려움을 느꼈던가 봐요. 후원금을 전달하러 갔더니, 저를 반긴다기보다는 빨리 가줬으면 하는 눈치였거든요. 그저 문 앞에서 건네줄 수밖에 없었습니다.

박정자 나의 다른 경험은, 당시 우리가 뭘 해서 돈만 모으면 인편으로 평화시장 쪽에서 노동운동하는 사람들에게 전달했을 때입니다. 한국방문 때 700, 800마르크 정도 되는 돈을 가지고 갔죠. 도착 다음날 방문을 못하고 일주일 정도 지나서 갔는데, 독일에서 연락을 받고 눈이 빠지게 기다렸던지 '왜 이제야 오냐'는 분위기를 풍기는데다 내 눈앞에서 논을 막 세어보면서 '뭐 이 정도밖에 안 돼?' 하는 것 같았어요. 당시 우리에게는 정말 큰돈이었고, 어디든 열심히 가서 한국음식 만들어 팔아가지고 이런 일을 위해 모은 돈이었는데. 돈을 보낼 때 꼭 집에 보내는 마음이었잖아요. 돌아서서 올 때 '우리가 과연 옳고 중요한 일을 하는 건가?' 하는 물음을 떠올린 기억이 납니다. 당시 수시로 돈을 모아 보내기는 했으나 그 역할이 어떠했는가는 들어본 적이 없습니다.

좌 담

송금희　장기수대책위원회에서 감옥에 있는 장기수들과 양심수들에게 양말 짜서 보내기를 할 때 정말 많은 양말을 짠 기억이 나는군요. 여성모임 세미나 때 와서는 많은 회원들이 양말을 짜면서 세미나를 했던 모습이 인상적으로 남습니다.

이수복　돈이라는 것이 모든 사람을 종속적이고 욕심쟁이로 만드는 것 같습니다.

사회　1985년에 독일에 오자마자 이런저런 활동에 대한 소식도 듣고 여성모임에도 들어왔죠. 당시 한국인, 독일인, 모든 한독단체들이 모여 코레아연석회의(KoKoKo)를 만들어 한국 민주화운동에 연대하는데 처음 참석하면서 새로운 경험을 하게 되었습니다. '어쩌면 저렇게 사심 없이 진지하게 자기 일처럼' 고민하는 것을 보면서 감명받았습니다. 참 보기 좋았던 기억이 납니다.

안차조　내 기억 중 하나는, 당시 베를린지역모임 대표를 할 때였는데 북한에 수해가 났다고 해서 여성모임에서 성금을 모았습니다. 다른 회원 한 명과 같이 당시 동베를린에 있던 북한대사관에 가서 3천 마르크를 전해 주었죠. 그때 감사패 같은 거를 받았던 것 같습니다. 내가 하고 싶은 말은 여성모임 회원들이 어떤 활동을 하면 이러니저러니 군소리 없이 그냥 주는 것이라는 거죠.

이수복   돈을 모았는데 이북으로 누구를 통해 보내는가에 대해서는 심사숙고해야 한다고 봅니다.

사회   사실 당시 재수 없었으면 그 돈이 김정일 궁전 만들 때 금으로 도배한 창문을 만드는 데 사용되었을 수도 있었을 것인데요. 그리고 그 시기가 또 그런 시기이기도 했는데…. 하여간 북한에 돈 보내는 문제는 골치 아픈 문제 중 하나인 것은 사실입니다. 그래서 몇 년 전에 브레멘에서 '북한어린이 돕기' 행사를 하면서 독일적십자를 통해 성금을 보내기도 했습니다. 당시 북한사람들, 특히 아이들이 병들고 굶어죽고 있다는 소식을 접하면서 "북한에 돈을 보내야 하나 말아야 하나" 가지고 토론을 한 적이 있어요. "누구를 위하여 종을 울리나?"라는 우려와 "그래도 가장 가능성 있는 통로를 통해 그냥 보내자"에서 후자를 택한 거였어요.

김순임   한국단체와의 연대에서 불만스러웠던 점이 있었습니다. 예를 들면 정대협과 연대하면서 1992년에 베를린에서 우리가 큰 국제행사를 만들어 한국, 북한, 네덜란드에 거주하는 정신대 피해자들을 초청해 '국가폭력·성폭력'을 알리는 일을 했을 때죠. 그런데 정대협에서 한국에서 국제연대회의를 하면서, 미국과 호주·일본·북한에서는 연대단체들을 초대하면서 우리 독일의 여성모임은 초대하지 않았어요. 그럴 때 이 사람들이 일하는 방법에 의구심이 가기도 했습니다. 이와 관련하여 또 한 가지 문제는, 우리 여성모임의 국제연대소위원회에서 적극적으로 활동하던 회원들이 서로 이 연대와 관련하여 권력다툼, 세력다툼을 한 거였어요. 정말 이 때문에 얼마나 시달렸는지, 급기야 그중 몇 명이 여성모임에서 탈퇴하면서 그들 사이의 세력다툼이 더 심해지고 정대협과 여성모임의 연대는 더 힘들어져서, 결국 여성모임이 공식적인 연대를 하지 않기로 결정하는 그런 일도 있었잖아요. 그리고 민주화운동기념사업회에 '누가' 들어가 일하면서부터 여기 '누구들'과 연결되어 일하면서 기념사업회와의 연대활동이 어려웠던 일들… 이런 세력관계가 복잡하게 얽히면서 연대가 어려워질 때는 연대에 대해 회의적으로 되기도 했죠.

조국남   내가 총무 할 때 이 일이 한창 심각했었는데 정말 골치 아팠어요. 정대협과의 연대문제보다 우리 회원들이 문제를 만들 땐 정말….

사회   그래도 여성노동자들 그리고 그 단체들과의 연대는 전체적으로 볼 때 긍정적이었던 것 같습니다. 이제는 구체적인 연대활동이 없지만, 한국방문 때 그 단체들과 관련된 여성들을 만나면 낯설지 않고 오히려 따뜻하고 반가운 느낌이 듭니다. 아직도 연결되는 여성들도 있고, 만나면 옛날이야기도 편안히 할 수 있는 것 같아요.

  '재유럽 5월민중제'가 이제 30년을 넘어서고 있습니다. 1980년 5월 광주 학살현장을 당시 한국에 있던 사람들보다 먼저 방송을 통해 보았던 재독동포들 중에 한국의 민주화가 급선무라고 생각했던 사람들과 단체들이 모여, 오늘날까지 이 5월민중제를 꾸려가고 있는데요. 제가 1985년에 독일에 왔는데, 서울에서 방송으로 전혀 접하지 못했던 정황을 여기 와서 알게 되었죠. 우리 여성모임에도 이 상황을 접하고 민주화운동의 중요성을 느껴 회원이 된 사람들도 꽤 있어요. 특히 군부독재 시절에는 민주화운동을 하는 단체나 개인들은 여기서도 사찰대상이었기 때문에, 민중제에서 만나 서로 힘을 얻고 당시의 표현으로 '동지의식'을 나눌 수 있는 유일한 연대장소이기도 했구요.

이상은 제 개인의견이었습니다. 그럼 다시 사회자로 돌아가서, 지금까지의 얘기에서 여성모임 활동이 이주민여성으로서 '여기'와 관련된 활동에 소홀한 것 같다는 의견이 있는데….

안차조 나는 그렇게 보지 않아요. 우리가 한국인이고 그래서 한국에 대해서 다른 사람들보다 잘 알고 하니 한국문제를 더 잘 다룰 수 있기 때문에 우리의 주제들이 거기서 파생하는 것일 뿐입니다. 이주민여성단체로서 독일사회의 다문화사회로의 발전에 우리의 모든 활동이 기여한 것이라고 봅니다.

송금희 우리가 문화활동을 통해 다문화형성에 많은 기여를 했다고 봅니다.

조국남 문화라는 개념을 아주 넓게 본다면, 이주민들이 여기서 일하면서 살아가고 있는 그 자체가 여기 문화를 같이 만들어가는 것이라고 봅니다.

사회 다른 이주민단체와의 관계에 소홀하지 않았는가, 혹은 제일 먼저 소홀해지는 부분이 아닌가 하는 생각이 듭니다. 보훔에 살 때 여성모임 대표로 한동안 열심히 다른 이주민단체들과의 만남에 나가서 활동하고 일도 만들고 했었지만, 바쁘다 보면 제일 먼저 손을 떼는 것이 이 활동이더라고요. 그리고 브레멘에 가서도, 브레멘의 경우 이주민을 위한 진보적인 정책을 쓰면서 이주민단체들의 모임의 집도 마련되어 있어서 거기서 활동하긴 했지만, 하여간 바쁘면 일단 손을 떼는 것이 이 일들이었어요. 그 이유가 무엇일까, 생각해 보았죠. 그런데 다른 이주민단체 사람들도 비슷한 것 같았어요. 서로 의식화되면서 뭔가 일을 만들어 이주민권익 대변을 같이하자는 말은 하지만 얼마 안 있어 흐지부지되는 경험을 하였죠.

저는 아직까지도 사민당 당원이긴 한데 브레멘에 살 때 상대적으로 열심히 활동도 했어요. 그리고 '여성의 집'에 근무할 때 동료 중에 이주민여성들이 꽤 있었어요. 그런데 어디서나 공적인 일은 공적으로 만나 하는데, 그중에서 사적으로 만나 친구가 되는 사람은 이주민이 아니라 거의 다 독일인이더라고요. 이주와 관련된 어떤 책에서 읽어보니, 인간의 심리가 권력 지향적이라 해바라기처럼 뭔가 권력을 가지고 있다고 보이는 사람 쪽을 지향하는 경향이 있다고 해요. 그래서 다른 나라에서 온 이주민들은 뿌리를 박고 사는 자를 지향하는 무의식적인 뭔가가 있어서 그런가, 싶더라고요.

조국남　내가 볼 때는 독일이 정책적으로 그런 네트워크를 지원하지 않기 때문이죠. 왜냐하면 그러면 그 사람들의 세력이 커진다고 보기 때문입니다. 녹색당이 초창기에 녹색당재단을 셋으로 만들면서 여성재단도 만들어 이주민여성단체들의 활동도 적극적으로 지원할 때 우리 여성모임도 적극적으로 활동했었잖아요. 시간이 지나면서 여기도 제도화되면서 결국 여성재단도 없어졌죠. 그리고 독일 여성단체 예를 들면 '테레 데 팜'도 진보적인 여성단체로 시작했다가 커지면서 전문화되고 제도화되어 버리는 것도 그 비슷한 예인 것 같습니다.

송금희　나의 경우, 한국인이 많이 살고 있는 베를린과 뮌헨에 살 때는 그리고 한국문화 활동을 하다 보니 독일친구들이 있어도 거의 만나지 못하고 한국인들만 만났던 것 같아요. 그런데 지금 살고 있는 니더라우에는 한국인이 거의 없어서 자연스럽게 독일친구들에게 시간을 더 많이 할애하게 되더라고요. 한국인들과는 한국말을 하면서 서로 공감하는 정서가 있는 그 편안함 때문에 여건이 되면 자연스럽게 그렇게 되는 것 같습니다. 그래서 앞서 얘기처럼, 바쁘면 어디서부터 손을 놓는가 하는 물음에 동감해요. 마음은 있는데 여유문제인 것 같습니다.

사회　그런데 지금 보면 나 자신의 변화로 인해 손을 놓는 것도 있어요. 정당활동이 이제는 싫거든요. 그러다 보니 독일친구들과 소원해지기도 합니다. 어떻든 다른 이주민단체들과의 연대활동이 적었다는 것은 서운합니다.

다문화사회로 진입한 한국에 대해

조국남 김천에 다문화가족 지원센터가 있어서 방문해 보았죠. 공단 안에 사무실이 있고 15명 정도 일하고 있더군요. 특히 교육부문에 집중한다고 해요. 쉼터도 만들어놓고 체험이나 문예, 교양, 여성복지 등 다양한 프로그램도 실시하고 있었어요. 상담할 때는 현지인들을 불러와 상담사로 일하게 하고…, 내가 갔을 때 우즈베키스탄·베트남 사람들이 많이 와 있었는데 한국말도 잘하고… 내가 보기에는, 굉장히 거창하게 정부지원을 받아 전국적으로 조직되어 있고 부자 절인 직지사의 복지회가 이 센터와 협조해서 꾸려나가는데 총괄팀장이라는 사람은 불교회와 연결되어 일하는 등, 하여간 모든 네트워크가 연결되어 있는 것 같더라고요. 한마디로 이주민들의 삶이 센터를 통해 다 이루어질 수 있을 것 같은 그런 분위기라고 할까… 거창하게 만든 책자를 읽어보니 긍정적인 사례들이 숱하게 씌어 있고 이름도 좋긴 한데, 오히려 이런 거창한 분위기가 실제에서 그 의미를 제대로 살릴까 하는 생각이 들었습니다.

안차조 학교에서 다문화가정의 아이들이 소외되고 있다는 말을 들었습니다. 그런데 선생들 자체가 문제의식을 갖고 있지 않으니 방치되고 있는 것 같더군요. 어디 인터넷카페에서 읽었는데, 독일 극우파와 막상막하인 사람들이 혈통에 대해 쓴 글들을 보니 아찔합디다. 노무현이 대한민국의 피를 섞으려고 했다는 등…

사회 한국에서는 아직까지도 외국인노동력(사람)이 합리적·합법적인 절차를 통해 이주민이 될 수 있는 정책이 부재한 상태에서, 단지 현상만 보고 '다문화'라는 개념을 정책화하여 무슨 유행처럼 만들어버린 것 같습니다. 그러다 보니 정책으로 실시되는 것들이 근본적인 다문화정책이 아니라 껍데기일 뿐이고, 오히려 사람들에게 반감을 주는 그런 분위기인 것 같아요. 소위 진보적인 사람들이 '단일민족'을 부르짖는 현상도 보이고요. 얼마 전 독일총리 메르켈이 "독일의 다문화정책이 실패했다"고 한 그 문장만 보고—그 배경은 모르면서—다문화는 끝이다 하고 생각하는 사람들도 있었어요. "노무현의 이상적 사회가 한국을 망하게 하고 있다"는 등… 오히려 차별의 기준이 되어버린 것 같은 인상을 받았습니다.

조국남 통독 후 구소련에 살던 '과거의 독일인'들을 민족이라고 다 독일로 들어올 수 있게 만든 것, 한국에서는 반만년의 역사를 가진 단일민족이라고 말하고 있으니… 얼마나 많은 시간이 걸릴까 싶어요. 여동생이 유치원 원장을 하고 있는데, 지금 자라는 아이들이 유치원도 오게 될 텐데 준비를 해야 할 것 아니냐고 묻자, 좋고 이상적

좌 담

이나 그런 이야기 하면 교사들이 당장 반발할 것이라고 하더군요. 정부가 지원한다고 선전을 하니, 왜 우리는 지원하지 않느냐는 식으로 오히려 사람들이 반발하는 현상이 나타난다는 거죠. 독일도 통독 후 동독 쪽에서 그런 현상이 없었던 건 아니라는 것을 우리가 알고 있잖아요. 지난번에 한국의 이주노동자들이 프랑크푸르트에 와서 그들의 경험과 문제를 이야기하는데, 30, 40년 전 내가 여기서 경험한 것들이 반복되는 것 같았어요. 정책적으로 너무 그냥 떠벌리고 포장하는 식으로 하니….

사회 〈한국방송〉의 "노래자랑" "우리말 겨루기" 등에 외국인들—이주민이라는 개념이 아님—이 나오는 프로그램을 보면, 한국사회에 친화력을 키울 수 있는 분위기는 전달하지만 거기 나오는 외국인들은 소위 특권층으로 제한되어 있어 '알리바이' 성격을 띠는 것 같습니다. 안산에 가보면 그 차이를 당장 느낄 수 있죠.

김정자 한국에서는 단일민족이란 말을 아주 자랑스럽게 여기는 것 같은데 나는 다르게 봅니다. 단일민족=인종차별주의라고 봐요. 한국이 다문화사회가 되기는 정말 어려울 겁니다. 미국에 거주하는 한국인들은 자신들이 이주민이면서도 남미나 아프리카에서 온 사람들을 차별·천대한다고 하더군요.

사회 오늘 12시간 동안 마라톤좌담회를 했는데, "재독한인사회를 보는 입장"에 대해서는 시간상, 체력상 토론할 수 없을 것 같으니 다음으로 미루고 여기서 마치겠습니다. 기록을 도와준 유학생(이혜정)이 먼저 가면서, 체력과 그 많은 주제들을 놓고 분석까지 해가면서 정리된 사고로 주제에 따라 토론하는 모습을 보고 감동했다는 말을 전해 달라고 했습니다. 수고하셨습니다.